Polyglott-Reiseführer

Istrien

mit den Inseln

Cres, Lošinj, Krk und Rab

Martin Amode

Polyglott Verlag München

Langenscheidt Mini-Dolmetscher Kroatisch

Allgemeines

Guten Morgen.	Dobro jutro. [**do**bro **ju**tro]
Guten Tag.	Dobar dan. [**do**bar dan]
Guten Abend.	Dobro veće. [**do**bro **wä**tschä]
Hallo!	Zdravo! [s**dra**wo]
Wie geht's?	Kako je? [**ka**ko jä]
Danke, gut.	Hvala, dobro. [ch**wa**la **do**bro]
Ich heiße ...	Zovem se ... [**so**wäm ßä]
Auf Wiedersehen!	Do viđenja! [do wi**d~~sch~~ä**nja]
Morgen	jutro [**ju**tro]
Vormittag	prijepodne [**pri**jäpodnä]
Nachmittag	popodne [**po**podnä]
Abend	večer [**wä**tschär]
Nacht	noć [notsch]
morgen	sutra [**ßu**tra]
heute	danas [**da**nas]
Sprechen Sie Deutsch / Englisch?	Govorite li njemački/ engleski? [**go**woritä li **njä**matschki / **än**gläski]
Wie bitte?	Molim? [**mo**lim]
Ich verstehe nicht.	Ne razumijem. [nä ra**su**mijäm]
Sagen Sie es bitte noch einmal.	Recite još jedanput, molim. [**rä**tßite josch jä**dan**put **mo**lim]
..., bitte.	..., molim. [**mo**lim]
Danke.	Hvala. [ch**wa**la]
Keine Ursache.	Nema na čemu. [**nä**ma na **tschä**mu]
was / wer / welcher	što / kto / koji [schto / kto / koji]
wo / wohin	gdje / kamo [gdjä / **ka**mo]
wie / wie viel	kako / koliko [**ka**ko / **ko**liko]
wann / wie lange	kada / kako dugo [**ka**da / **ka**ko **du**go]
Wie heißt das?	Kako ovo se zove na hrvatskom? [**ka**ko **o**wo ßä **so**wä na **chr**watskom]
Wo ist ...?	Gdje je ...? [gdjä jä]
Können Sie mir bitte helfen?	Molim Vas, možete li mi pomoći? [**mo**lim waß **mo~~sch~~ä**te li mi **po**motschi]
ja	da [da]
nein	ne [nä]
Entschuldigen Sie!	Oprostite! [o**pros**titä]
Das macht nichts.	Nema veze. [**nä**ma **wä**sä]

Unterwegs

Gibt es hier eine Touristeninformation?	Ima li tu turistička informacija? [**i**ma li tu tu**ris**titschka infor**ma**tßija]
Haben Sie einen Stadtplan / ein Hotelverzeichnis?	Imate li plan grada / popis hotela? [**i**matä li plan **gra**da / popis cho**tä**la]
Wann ist ... geöffnet / geschlossen?	Kada je otvoreno / zatvoreno ...? [**ka**da jä **ot**woräno / **sat**woräno]
Museum / Kirche / Schloss / Ausstellung	muzej / crkva / dvor / izložba [**mu**säj / **tsr**kwa / dwor / **is**lo~~sch~~ba]

Einkaufen

Wo kann ich ... kaufen?	Gdje mogu kupiti ...? [gdjä **mo**gu **ku**piti]
Wie viel kostet das?	Koliko košta? [**ko**liko **kosch**ta]
Das ist zu teuer.	Ovo je preskupo. [**o**wo jä **prä**skupo]
Das gefällt mir (nicht).	Ovo mi se (ne) sviđa. [**o**wo mi sä (nä) **ßwi**d~~sch~~a]
Gibt es das in einer anderen Farbe / Größe?	Imate li to u drugoj boji / veličini? [**i**matä li to u **dru**goj **bo**ji / wäli**tschi**ni]
Ich nehme es.	To ću uzeti. [to tschu **u**säti]
Wo ist eine Bank / Wechselstube?	Gdje je banka / mjenjačnica? [gdjä jä **ban**ka / mjän**jatsch**nitßa]
Geben Sie mir 100 g Käse / zwei Kilo Orangen.	Dajte mi deset deka sira / dva kila naranča. [**da**jtä mi **dä**sät **dä**ka **si**ra / dwa **ki**la na**ran**tscha]
Haben Sie deutsche Zeitungen?	Imate li njemačke novine? [**i**matä li **njä**matschkä **no**winä]
Wo kann ich telefonieren / eine Telefonkarte kaufen?	Gdje mogu telefonirati / kupiti telefonsku karticu? [gdjä **mo**gu täläfo**ni**rati / **ku**piti tälä**fon**sku **kar**titßu]

Notfälle

Wo gibt es hier einen Arzt / Zahnarzt?	Gdje ima ovdje ljekar (doktor) / zubar? [gdjä **i**ma owdjä **ljä**kar (**dok**tor) / **su**bar]
Rufen Sie bitte einen Krankenwagen / die Polizei.	Molim pozovite brzo kola za hitnu pomoć / policiju. [**mo**lim po**so**witä **br**so **ko**la sa **chit**nu **po**motsch / poli**tßi**ju]

Wir hatten einen Unfall.	Desila nam nesreća. [dä**ßi**la nam ßä **näß**rätscha]
Wo ist das nächste Polizeirevier?	Gdje je najbliža policijska stanica? [gdjä jä **naj**bli ~~sch~~a polit**ßi**jska **sta**nitßa]
Ich bin bestohlen worden.	Bio sam ukrađen. (m.) / Bila sam ukrađena. (w.) [**bi**o sam **u**krad~~sch~~än / **bi**la sam u**kra**d~~sch~~äna]
Mein Auto ist aufgebrochen worden.	Netko je provalio u moj auto. [**nät**ko jä pro**wa**lio u moj **au**to]

Essen und Trinken

Die Speisekarte, bitte.	Jelovnik, molim. [**jä**lownik **mo**lim]
Brot	kruh [kruch]
Kaffee	kava [**ka**wa]
Tee	čaj [tschaj]
mit Milch / Zucker	s mljekom / sa šećerom [ß **mljä**kom / ßa **schä**tschärom]
Orangensaft	sok od naranča [ßok od na**ran**tscha]
Mehr Kaffee, bitte.	Molim još malo kave. [**mo**lim josch **ma**lo **ka**wä]
Suppe	juha [**ju**cha]
Fisch / Meeresfrüchte	riba / morski plodovi [**ri**ba / **mor**ski **plo**dowi]
Fleisch	meso [**mä**ßo]
Geflügel	perad [**pä**rad]
vegetarische Gerichte	vegetarijanska jela [wägätari**jan**ska **jä**la]
Eier	jaja [**ja**ja]
Salat	salata [ßa**la**ta]
Dessert	desert [**dä**ßärt]
Obst	voće [**wo**tschä]
Eis	sladoled [**ßla**doläd]
Wein	vino [**wi**no]
weiß / rot / rosé	bijelo / crno / ružica [bi**jä**lo / **tsr**no / **ru**~~sch~~itßa]
Bier	pivo [**pi**wo]
Aperitif	aperitiv [a**pä**ritiw]
Wasser	voda [**wo**da]
Mineralwasser	mineralna voda [minä**ral**na **wo**da]
mit / ohne Kohlensäure	sa ugljičnom kiselinom / bez ugljične kiseline [ßa **u**gljitschnom **ki**ßälinom / bäs **u**gljitschne **ki**ßälinä]
Limonade	limunada [limu**na**da]
Frühstück	doručak [**do**rutschak]
Mittagessen	ručak [**ru**tschak]
Abendessen	večera [**wä**tschära]
eine Kleinigkeit	malenkost [ma**län**kost]

Ich möchte bezahlen.	Platiti, molim. [**pla**titi **mo**lim]
Es war sehr gut. Es war nicht so gut.	Bilo je odlično. [**bi**lo jä **od**litschno] Nije bilo tako dobro. [**ni**jä **bi**lo **ta**ko **do**bro]

Im Hotel

Ich suche ein gutes / nicht zu teures Hotel.	Tražim dobar / ne preskupi hotel. [**tra**~~sch~~im **do**bar / nä **prä**skupi **cho**tel]
Ich habe ein Zimmer reserviert.	Rezervirao (m.) / rezervirala (w.) sam sobu kod Vas. [räsär**wi**rao / räsär**wi**rala ßam **ßo**bu kod was]
Ich suche ein Zimmer für ... Personen.	Tražim sobu za ... osoba. [**tra**~~sch~~im **ßo**bu sa ... **o**ßoba]
Mit Dusche und Toilette.	S tušem i zahodom. [ß **tu**schäm i **sa**chodom]
Mit Blick aufs Meer.	S pogledom na more. [ß **po**glädom na **mo**rä]
Zur Landseite hin.	Prema kopnu. [**prä**ma **kop**nu]
Wie viel kostet das Zimmer pro Nacht?	Koliko **sto**ji soba po noći? [**ko**liko stoji **ßo**ba po **no**tschi]
Mit Frühstück?	S doručkom? [ß **do**rutschkom]
Kann ich das Zimmer sehen?	Mogu li pogledati sobu? [**mo**gu li pog**lä**dati **ßo**bu]
Haben Sie ein anderes Zimmer?	Imate li drugu sobu? [imatä li **dru**gu **ßo**bu]
Das Zimmer gefällt mir (nicht).	Ova soba mi se (ne) sviđa. [**o**wa **ßo**ba mi ßä (nä) **ßwi**d~~sch~~a]
Kann ich mit Kreditkarte bezahlen?	Mogu li platiti s kreditnom karticom? [**mo**gu li **pla**titi ß krä**dit**-nom **kar**titßom]
Wo kann ich parken?	Gdje mogu parkirati? [gdjä **mo**gu par**ki**rati]
Können Sie das Gepäck in mein Zimmer bringen?	Možete li donesiti moj prtljag u sobu? [**mo**~~sch~~ätä li do**nä**siti moj **pr**tljag u **ßo**bu]
Haben Sie einen Platz für ein Zelt / einen Wohnwagen?	Imate li još mjesto za jedan šator / za kamp prikolicu? [**i**mate li josch **mjä**sto sa **jä**dan **scha**tor / sa kamp‿pri**ko**litßu]
Wir brauchen Strom / Wasser.	Nam treba struja / voda. [nam **trä**ba **stru**ja / **wo**da]

Allgemeines

Städtebeschreibungen

Die mediterrane Hafenstadt mit Prunkbauten aus österreichisch-ungarischer Zeit, viel südländischer Atmosphäre und geschäftigem Treiben ist der Verkehrsknotenpunkt für Reisen zur östlichen Adriaküste und ihrer Inselwelt.

Die Arena, ein riesiges römisches Amphitheater, ist die Hauptsehenswürdigkeit der größten Stadt Istriens. Am Südende der Halbinsel dehnt sich ein weites Feriengebiet aus, mit schattigen Buchten, Jachthäfen und Hotels.

Routen und Inseln

Route 1

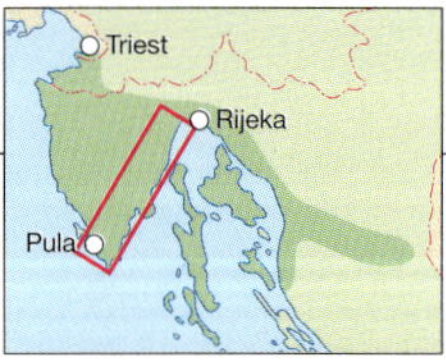

Von der „Riviera von Opatija" aus geht es mit immer neuen Ausblicken auf die Inseln des Kvarnergolfs und an uralten Bergstädten vorbei zur Römerstadt Pula.

Route 2

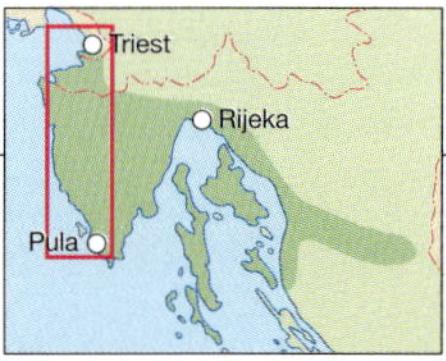

Istrien von Norden nach Süden: venezianische Städte an der Westküste, Abstecher zu Stränden und Feriensiedlungen, auf den Hügeln Dörfer aus grauem Stein.

Routen und Inseln

Editorial

Meeresbläue, winddurchwehte Inseln, sonnendurchglühte Macchia, venezianische Hafenstädtchen – die mediterrane Welt an der oberen Adria liegt für uns Mitteleuropäer sozusagen vor der Haustür. Unweit der südlichen Ausläufer der Alpen, am Schnittpunkt zweier weit ins Mittelmeer hineinragender großer Halbinseln, der Apenninischen und der balkanischen, heben sich das kroatische Istrien und die Inseln des Kvarnergolfs aus dem Meer. Erschlossene oder einsame Badestrände, glasklares Meerwasser, uralte Bergstädtchen, die Leichtigkeit südlichen Lebens und gastfreundliche Menschen erwarten den Besucher. Die romanische und die slawische Kulturregion treffen in dieser Landschaft aufeinander, hier mischen sich Sprachen und Küchen.

Seit mehr als hundert Jahren erliegen Erholungsuchende und Sonnenhungrige, Wassersportler und Campingfreunde dem Reiz dieses Ferienziels. Es gibt meerumspülte Strände und einsame Buchten für alle, die sich ohne Badehose wohler fühlen; in den Küstenorten findet der Urlauber vom Luxushotel bis zum Privatquartier Unterkünfte für jeden Geschmack und Geldbeutel. Für Unterhaltung sorgen Nachtlokale und Diskotheken; Gaststätten, Cafés, Pizzerien, Bistros und Feinschmeckerrestaurants sind wie Pilze aus dem Boden geschossen, und im Landgasthaus finden Gäste beim Glas Wein mit Bauern und Fischern ein anregendes Gespräch.

Istrien und die Kvarnerbucht wurden vom jugoslawischen Bürgerkrieg nicht betroffen. Zeitweilig von Flüchtlingen belegte Hotels sind längst renoviert, überall herrscht friedliche Normalität.

Einer der schönsten Strände der Insel Krk: Bunculuka bei Baška

Der Autor

Martin Amode veröffentlichte Reisebücher und Reportagen über Südosteuropa und die Türkei. Von 1970 bis 1995 war er als Redakteur im Polyglott-Verlag tätig. Heute lebt er als freier Autor in München und auf der Insel Krk.

Grauer Karst, grüne Inseln, blaues Meer

Badetourismus

In den ersten Jahrzehnten des 20. Jhs. gelangten die Badeorte zu einer bescheidenen Blüte. Nach dem Zweiten Weltkrieg wurden neben den Nobelherbergen aus der Gründerzeit moderne Hotels gebaut, Campingplätze entstanden, und überall wetteiferten Zimmervermieter um die Gunst der Gäste.

Es kamen Italiener wegen der Nähe zu ihrer Heimat, Busladungen von Ausflüglern aus Österreich, Kolonnen deutscher Campingurlauber und natürlich ganze Scharen Erholung suchender Großstädter aus Belgrad, Zagreb, Ljubljana und aus dem nahen Rijeka.

In die einst arme Region zog der Wohlstand ein. Früher mussten die Einheimischen mangels Arbeit auswandern; nun strömten Gastarbeiter aus Serbien, Bosnien und anderen Ländern herbei.

Rückgang der Besucherzahlen

Die Blütezeit des Tourismus fand ein jähes Ende, als 1991 der jugoslawische Bürgerkrieg ausbrach. Im Ausland glaubte man, dass Istrien und die Inseln im Krisengebiet lägen. So blieben die Urlauber jahrelang aus, obwohl die Region weit von den Kriegshandlungen entfernt war. Viele Wirte mussten ihre Lokale schließen, Köche und Kellner wurden arbeitslos, die Maurer zogen heim nach Serbien. In den Dörfern und Städten herrschte wieder Not.

Erneuter Aufschwung

Erst ab 1995 ließen sich wieder mehr Gäste aus dem Norden blicken. Seither geht es zunehmend aufwärts in den Badeorten an der östlichen Adria, denn das Meer und die Landschaft unter der südlichen Sonne haben ihren Zauber bis heute nicht verloren.

Lage und Landschaften

Istrien und die Kvarnerbucht werden trotz ihrer Nähe zu den Alpen geographisch bereits zur Balkanhalbinsel gerechnet, deren Gebirgsketten sich von der Ostseite der Adria bis hinunter nach Griechenland ziehen. Politisch gehört das Gebiet zur 1991 selbstständig gewordenen, ehemals jugoslawischen Teilrepublik Kroatien, nur ein ganz schmaler Streifen der Halbinsel Istrien mit dem Städtchen Muggia nahe Triest ist italienisch, und ein kleiner Teil mit einer Küstenlänge von 46 km liegt auf dem Staatsgebiet von Slowenien.

Die Republik Kroatien (*Republika Hrvatska;* Hauptstadt: Zagreb) grenzt im Norden an Slowenien, im Osten an Ungarn und Serbien, eine lange Grenze hat sie mit der Republik Bosnien-Herzegowina gemeinsam und im Süden ein paar Kilometer mit Montenegro.

Der festländische Teil Kroatiens erstreckt sich weit nach Osten bis in die fruchtbaren Ebenen der Flüsse Save,

Modebäder von einst

Mildes Klima am südlichen Meer, Strände im Schatten duftender Kiefernwälder, blühender Oleander, malerische Städte, Dörfer hoch oben auf Felsklippen und gastfreundliche Einheimische haben in Istrien, auf den Kvarnerinseln und an der Festlandküste schon vor etwas über hundert Jahren Erholungsuchende aus Mitteleuropa angezogen. Der k. u. k.-Hochadel sowie wohlhabende Bürger aus Wien und Budapest schätzten die gesunde Luft und das heilsame Meerwasser der Modebäder Abbazia (Opatija) und Crikvenica oder der Inseln Lošinj und Rab.

Drau und Donau, die westliche, adriatische Region umfasst Istrien und Dalmatien. Die Festlandküste ist 1777 km lang, aber wenn man die 1185 vorgelagerten Inseln und Inselchen dazuzählt, misst das zu Kroatien gehörende Adriaufer mit allen Buchten und Vorgebirgen immerhin 4012 km.

Die Halbinsel Istrien

Die Halbinsel Istrien (slowen., kroat. *Istra,* ital. *Istria*) bildet ein Dreieck, dessen Spitze genau nach Süden gerichtet ist. Seine Nahtstelle zum Festland zwischen Triest und Rijeka ist nur 50 km lang, während die Küste vom Kap Savudrija im Nordwesten über die Südspitze bei Pula bis nach Opatija im Nordosten fast 500 km lang ist.

Berg- und Hügelland bilden das Innere der Halbinsel. Nach Osten hin fällt es steil ab, nach Westen aber läuft es flach aus. Der Küstensaum ist deshalb im Osten schmal, im Westen breiter.

Einsame und stille Landschaft im südlichen Istrien

Weil in der verkarsteten Landschaft das nackte Kalkgestein in verschiedenen Farben zutage tritt, unterscheiden die Geologen drei Zonen: Der Nordosten mit dem Bergmassiv Ćićarija und Učka, das „weiße Istrien“, ist ein wasserarmes Gebiet mit kargem Bewuchs und wenigen Siedlungen. Südöstlich dieser Hochflächen liegt das „graue Istrien“, in dem die größten Flüsse der Halbinsel, die Mirna, die Raša und die Pazinčica, entspringen. Das „rote Istrien“, wo der Kalk an der Oberfläche zu fruchtbarer roter Erde, der *Terra rossa,* verwittert ist, senkt sich zur Westküste hinunter. Hier gedeihen mittelmeerische Obst- und Gemüsekulturen, und hier ist die Besiedlung am dichtesten.

Blick auf Rijeka von den Höhen über der Riviera von Opatija

Der Kvarner

Zwischen der Ostküste Istriens und den Gebirgsketten des Festlands erstreckt sich das Kvarner genannte Meeresbecken mit seinen großen und kleinen Inseln. Ursprünglich trug nur die Wasserstraße zwischen der Insel Cres und Istrien den italienischen Namen „Quarnero“, später hieß der ganze Golf so. Eine schmälere Meerenge zwischen Cres und Rab wird Quarnerolo, der „kleine Kvarner“, kroatisch Kvarnerić, genannt. Andere Wasserstraßen zwischen Inseln und Festland bezeichnet man als Kanäle, so den Velebitski kanal zwischen den Inseln Krk, Rab und Pag im Westen und dem Küstengebirge Velebit im Osten.

Inselhüpfen

Reisende, die sich auf Entdeckungstour durch die großartig-abwechslungsreiche Landschaft und die reizvollen Orte des Kvarnergolfs begeben wollen, können sich ihren Weg von Insel zu Insel auf Fährschiffen und Straßen (auch gute Linienbusverbindungen) selbst zusammenstellen.

Die Inseln und ihre Gebirgszüge verlaufen parallel zu den Bergketten auf dem Festland, denn die Wasserstraßen und Kanäle sind bis hinunter nach Süddalmatien eigentlich ertrunkene Täler. Nach der letzten Eiszeit, als sich die Alpengletscher zurückgezogen hatten, stieg der Meeresspiegel an, und die Täler füllten sich mit Wasser. Die Inseln bestehen wie Istrien und das Gebirge auf dem Festland fast ausschließlich aus Kalkgestein und sind weitgehend verkarstet. Während man an der Westküste der Inseln viel Grün sieht, bietet sich die östliche Seite als kahle weiße Felsenlandschaft dar: Sie ist dem rauen Fallwind Bura ausgesetzt.

Die Festlandküste der Kvarnerbucht wird auch „Kroatisches Küstenland“ genannt, weil sie anders als Istrien und Dalmatien von jeher zum eigentlichen historischen kroatischen Staat gehört hat. Sie bildet einen schmalen Saum zwischen dem Meer und den steilen Abhängen der karstigen Küstengebirge Kapela und Velebit.

Klima und Reisezeit

Die östliche Adriaküste ist eines der sonnigsten Gebiete Europas, hier herrschen im Sommer angenehme Wassertemperaturen bis zu 24 °C. Ursache ist das Mittelmeerklima mit warmen, trockenen Sommern und milden Wintern. Die regenreiche Zeit fällt in die Monate November, Februar und März. Frost droht nur in schlimmen Wintern, und Schnee ist an der Küste eine Seltenheit, auf den Gipfeln des Velebit, auf der Učka und der Ćićarija sieht man ihn dagegen häufig.

Hauptsaison mit hohen Luft- und Wassertemperaturen sind die Monate Juli und August. Von Mitte Mai bis Ende Juni kann ebenfalls mit stabilem Wetter gerechnet werden. Der Frühling bietet zwar das großartige Erlebnis der erwachenden mediterranen Natur, kann aber auch mit Regenfällen aufwarten. Beständig ist es meistens von September bis Anfang, Mitte oder gar Ende Oktober, wenn auch noch angenehme Badetemperaturen um 20 °C herrschen. Für den Winteraufenthalt empfehlen sich die klimagünstigen Orte Opatija, Mali, Veli Lošinj sowie die Insel Rab.

Die Bura und andere Winde

Außer von der Großwetterlage im Mittelmeerraum, in Zentraleuropa und auf dem Balkan ist das Adriaklima von lokalen Winden bestimmt. Der warme und feuchte Südwind *Jugo* oder *Scirocco* bringt häufig Wolken und Gewitter, er kündigt sich durch einen bleiern aussehenden Himmel im Süden an. Erfrischend sind im heißen Sommer der gegen 11 Uhr einsetzende, vom Meer zur Küste wehende *Maestral,* die von Norden kommende *Tramuntana* und der Südwestwind *Lebić.* Eiskalt und trocken stürzt vor allem im Winter die *Bura* von den Küstenbergen herab. Sie wird von den Slowenen Burja und von den Italienern Bora genannt. Der Fallwind entsteht, wenn sich hinter der Gebirgsbarriere kontinentale Kaltluft angesammelt hat. Diese drängt über die Talsenken hinunter zur Küste, wo sie mit Gewalt einfällt. Am häufigsten und unbändigsten weht die Bura von November bis April, im Sommer ist sie zwar seltener, kann aber von einer Minute zur anderen Küste, Inseln und Meer befallen. Die Bura sorgt im Sommer bei drückender Hitze für Erfrischung und besseres Wetter. Besonders heftig und für Segler und Bootstouristen gefährlich ist sie dort, wo sich enge Täler zum Meer hin öffnen.

Strandleben bei Badewetter

Natur

Wo sich im steinigen Karst fruchtbare Erde behaupten kann und Wasser vorhanden ist, bedeckt üppige Vegetation die Landschaft. Das ursprüngliche Pflanzenkleid bestand aus Wäldern immergrüner Bäume, vor allem Steineichen. Sie sind aber durch rücksichtslose Abholzung, Weideschäden und Verkarstung selten geworden.

Macchia und Zypressen

Heute herrscht neben den Felswüsten mit spärlichem Bewuchs die Macchia vor, ein immergrüner Buschwald, in dem Salbei, Thymian und Rosmarin duften. Vielfach hat die Wiederaufforstung, besonders mit Strandkiefern, Aleppokiefern und – seltener – Pinien, Erfolg, die Bestände sind jedoch stets von Waldbränden bedroht.

Die für das Mittelmeergebiet charakteristische „Leitpflanze“, der Ölbaum, gedeiht fast überall an den Küsten Istriens und auf den Inseln. An geschützten Stellen ragen Zypressen in den Himmel, und an Uferpromenaden wurden seit etwa hundert Jahren Palmen gepflanzt. Auch andere orientalische oder exotische Gewächse wie Akazien, Agaven, Feigenkaktus, Oleander und Tamarisken fanden hier günstige Le-

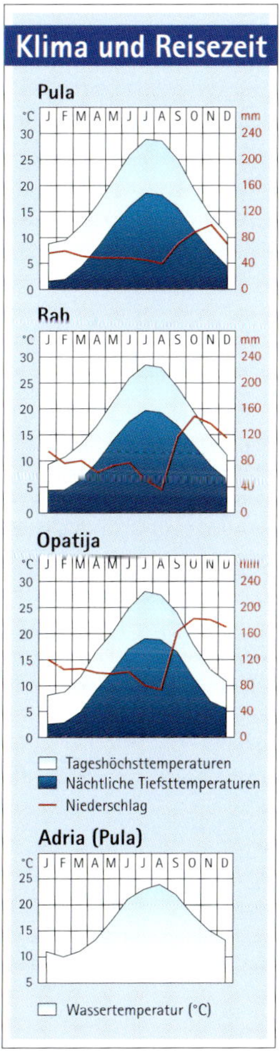

bensbedingungen. Sehr häufige Nutzpflanzen sind Feigen-, Maulbeer- und Lorbeerbäume sowie Esskastanien.

Auf Feldern und in Gärten werden Weinstöcke, Tomaten, Paprika, andere Gemüse- und Obstsorten kultiviert.

Insekten und Skorpione

Besonders artenreich sind in der Tierwelt der Mittelmeerländer die Insekten und Spinnentiere. Das auffälligste Insekt ist die Gottesanbeterin, eine bizarre räuberische Fangheuschrecke.

Die Karstlandschaft

Auf der Schwäbischen Alb, in Mähren und Polen, in Nordamerika und in den Tropen, schließlich auch am Westrand der Balkanhalbinsel von Slowenien bis Südgriechenland findet man eine eigenartige Landschaftsform, der die Geologen den Namen Karst gegeben haben – nach der Hochebene oberhalb des Golfs von Triest, die bei den Slowenen Kras, und bei den Italienern Carso heißt.

Der Karst als geomorphologische Erscheinung kommt überall vor, wo das im Wasser lösliche Kalkgestein an die Erdoberfläche tritt. Kohlesäurehaltiger Regen macht es porös, sickert in die Tiefe, wäscht Höhlen und Klüfte aus und sammelt sich in unterirdischen Bächen und Seen. Oberirdische Wasserläufe werden von einer Spalte oder Höhle verschluckt und kommen irgendwo anders wieder ans Tageslicht. Quellen und ganze Flüsse verschwinden im Karst hinter der Küste und treten unter der Meeresoberfläche wieder hervor – wenn man beim Schwimmen im warmen Meer über eine solche unterseeische Quelle gerät, stößt man unversehens auf eine eiskalte Strömung.

Im „nackten Karst", wo Regen und Wind die Erde über dem Gestein abgetragen haben, hat das Wasser Rinnen und Löcher in die Kalkfelsen geschliffen und eine bizarre Steinwüste geschaffen, die Karrenfelder. Im „grünen Karst" sind an der von Wiesen und Buschwald bestandenen Oberfläche durch den Einsturz unterirdischer Höhlungen trichterförmige Vertiefungen entstanden, die man nach dem slowenischen Wort für Tal Dolinen nennt. In den Dolinen wie in den größeren, Poljen (Felder) genannten Einbruchsbecken hat der Regen die Reste der fruchtbaren roten Erde (Terra rossa) angeschwemmt. Von Steinwällen gegen Winde und gefräßiges Vieh geschützt, werden hier Gemüse, Weinreben und Obst angebaut.

Karstbildung wird durch das Klima gefördert, aber auch durch menschliches Zutun: In Jahrtausenden rücksichtlosen Raubbaus wurden die Wälder abgeholzt, schon in der Antike, aber vor allem in venezianischer Zeit, denn die Lagunenstadt ist auf Holzpfählen errichtet, die jenseits der Adria geschlagen wurden. Dazu kam auch noch der Bedarf für den Schiffbau, für Herde und Öfen. Von den kahl geschlagenen Flächen trugen Wind und Regen die Erde hinweg, übrig blieb weithin nacktes Gestein. Und nicht zuletzt richteten die Ziegen, die wichtigsten Haustiere karger Gegenden, hier große Schäden am Pflanzenwuchs an.

Die wohl eindrucksvollsten Karsterscheinungen Europas sind die großen Höhlensysteme im slowenischen Karst, die Adelsberger Grotte (Postojnska jama) und die Höhlen von St. Kanzian (Škocijanske jame) mit ihren Millionen Jahre alten Labyrinthen, brodelnden Wasserläufen und phantastischen Tropfsteingebilden. In Istrien hat man erst vor kurzem die Grotte von Baredine bei Poreč (s. S. 56), auf Krk die Špilja Biserujka (s. S. 86) für Besucher zugänglich gemacht.

Unüberhörbar ist das Gezirpe der Zikaden, zahllos sind Käfer, Schmetterlinge und Spinnen. Von den Skorpionen gibt es nur eine kleine Art, die sich unter Steinen und in altem Gemäuer versteckt, ihr Stich ist relativ harmlos, etwa wie der einer Biene. Gefährliche Schlangen wie die Sandviper sind sehr selten. Bei warmem Wetter kann man Eidechsen beobachten, die zwischen Steinen und Gebüsch dahinhuschen.

Bei Istarske Toplice überragen hohe Kalkfelsen das Tal der Mirna

Die Vogelwelt

Auf den Feldern und im Ödland stört der Spaziergänger Fasane und Rebhühner auf. In den Siedlungen kann man nachts die Nachtigall und den Steinkauz hören. Kleinere Greifvögel sind nicht selten, und in den Bergen Nordostistriens leben auch noch Steinadler.

Auf den kahlen Inseln nistet der riesige Gänse- oder Weißkopfgeier, der sich von Aas ernährt. An der Küste und über dem Meer flitzen die Möwen und Seeschwalben dahin, und man kann die schnellen Kormorane beim Tauchen nach Fischen beobachten.

Die Ostküsten der Inseln zeigen sich als kahle Felsenlandschaft …

Säugetiere

Wild lebende Säugetiere sind selten. Im istrischen Hinterland gibt es Rehe, Hasen und Wildschweine, und Fledermäuse schwirren durch die Nacht. Bären, Luchse und Wildkatzen leben in den Gebirgswäldern des Festlands, vor allem im Nationalpark der Plitwitzer Seen.

Da weite Flächen des Karsts nur als Weideland zu nutzen sind, sieht man überall Schafe und Ziegen. Esel und Maultiere dienen als Zug- und Lasttiere. Eine istrische Besonderheit ist das lang gehörnte weiße Rind Boškarin, eine ursprünglich aus Pannonien eingeführte Rasse.

… aber auch in der Steinwüste ist noch Nahrung für die Schafe

Meeresfauna

Das Leben im Meer zeichnet sich auch in der nördlichen Adria durch eine unendliche Fülle aus. Der aufmerksame Beobachter entdeckt kleine Meerestiere wie Schnecken, Muscheln, Krabben, Einsiedlerkrebse und winzige Garnelen, dazu Seesterne, Seeigel und Seegurken. Essbare Meeresfrüchte sind Scampi, Miesmuscheln, Austern, Tintenfische und Polypen (Oktopus). In der Adria gibt es über hundert köstlich schmeckende Fischarten, darunter Sardellen und Makrelen, Brassen und Barsche, doch nur noch wenige Thunfische. Mit etwas Glück kann man sogar Delphine bei ihren Spielen beobachten. Haie wurden in den nördlichen Küstengewässern lang nicht mehr gesichtet.

Erwachendes Umweltbewusstsein

Rauch von brennenden Müllhalden auf den Bergen über den Stränden – das war ein alltäglicher Anblick, der sich noch unlängst den Urlaubern immer wieder bot. Inzwischen hat sich vieles gebessert, auch das Umweltbewusstsein der Einheimischen ist erwacht: So hat der Protest der Umwohner bewirkt, dass die giftige Rauchschwaden produzierende Koksfabrik in der malerischen Bucht von Bakar geschlossen wurde.

Doch die relativ dichte Besiedlung der Küstenregion schafft noch immer Probleme. Bisher haben die Gemeinden die bestehenden Abwasserrohre einfach ins Meer hinein verlängert, jetzt werden vermehrt Ringkanalisationen und Kläranlagen gebaut. Wo aber nicht zu viele Menschen leben und abseits von Häfen und Industrieanlagen ist das Badewasser an der Adriaostküste sauberer als anderswo, wie die seit Jahren durchgeführten Kontrollen immer wieder ergeben haben.

Auch die Wegwerfmentalität und Gleichgültigkeit gegenüber der Umwelt von Einheimischen und Touristen lässt sich nicht von einem Tag zum anderen ändern. Immer noch liegt Müll an den öffentlichen Stränden. Und allerorts beklagen sich die Fischer über schnelle Motorboote, besonders über Wasserskifahrer und Aquascooter, die den lebensnotwendigen Fang vertreiben.

Schon in den Jahrzehnten nach dem Zweiten Weltkrieg hat sich der jugoslawische Staat verstärkt um die Erhaltung der letzten Naturparadiese bemüht: In Kroatien wurde eine Reihe von Nationalparks ausgewiesen, in dieser Region sind es die Plitwitzer Seen, die Wälder der Risnjak-Berge im Hinterland von Rijeka und die Brioni-Inseln.

Wirtschaft

Kaum die Hälfte des Bodens ist landwirtschaftlich nutzbar und davon wiederum entfallen zwei Drittel auf kargen Karst-Weidegrund. Rinder sind verhältnismäßig selten, die meisten Kleinbauern halten Schafe und Ziegen. In fruchtbaren Gegenden, wie in Teilen Istriens, im Vinodol und auf Rab, ge-

Aussprache des Kroatischen

- c wie z in Zeit
- č wie tsch in Tschako
- ć wie tch in Hütchen
- đ auch dj geschrieben, ist eine innige Verbindung von d und j
- dž wie dsch in Dschungel
- h wie ch in ach
- r oft auch Selbstlaut zwischen Mitlauten: trg
- s wie ß in Maß
- š wie sch in schön
- v wie w in Wort
- z wie s in Rose
- ž wie g in Genie

deihen Oliven, Wein, Gemüse, Obst und etwas Getreide, vor allem Mais. In den küstennahen Gewässern wird meist mit kleinen Booten gefischt, Fangflotten mit größeren Kuttern sind in Rovinj und Rijeka stationiert.

Industrie hat sich besonders in den Städten Rijeka und Pula angesiedelt, an erster Stelle steht der Schiffbau. Auch der Seehandel spielt eine führende Rolle; ein beträchtlicher Teil der männlichen Bevölkerung fährt zur See.

Seit dem Zweiten Weltkrieg, vor allem aber seit Anfang der 1960er-Jahre, trägt der Tourismus zum Haupterwerb der Bevölkerung in weiten Gebieten der kroatischen Adriaküste bei. Unter den Folgen des jugoslawischen Bürgerkriegs, der jahrelang zum Ausbleiben der ausländischen Gäste führte, hat deshalb die Wirtschaft und damit der Devisenhaushalt des Landes schwer gelitten. Durch die Kriegsschäden, vor allem aber durch die dirigistische Wirtschaftspolitik unter Tuđman ist Kroatiens Ökonomie schwer angeschlagen; die Arbeitslosigkeit ist hoch, nicht freier Wettbewerb, sondern Vetternwirtschaft bestimmen das wirtschaftliche Leben. Nach Tuđmans Tod erhoffen sich viele Kroaten nun grundlegende Änderungen und eine bessere Zukunft. Dass 2000 endlich wieder die Touristenzahlen deutlich gestiegen sind, wurde als gutes Omen gewertet.

An den sonnigen Küsten Istriens und der Inseln gedeihen Oliven

Bau und Reparatur von Schiffen auf der Uljanik-Werft von Pula

Bevölkerung und Sprachen

Im slowenischen Teil Istriens leben vor allem Slowenen; ein Teil der städtischen Bevölkerung sind Italiener. Das kroatische Istrien und das Kvarnergebiet sind mehrheitlich von Kroaten bewohnt, italienische Minderheiten findet man im westlichen Istrien, in Pula und Rijeka sowie auf der Insel Lošinj. In die Industriestädte und Frem-

Der Fischfang stellt eine feste Größe in Istriens Wirtschaft dar

Steckbrief Kroatien

Fläche: 56 538 km².

Bevölkerung (2000): 4 800 000.

Bevölkerungsdichte: 84,6 Einw./km².

Bruttoinlandsprodukt (1998):
4900 US $ pro Kopf
3 % Wachstum.

Die größten Städte: Zagreb 960 000 Einw.; Split 200 500 Einw.; Rijeka 168 000 Einw.; Osijek 130 000 Einw.

Städtische Bevölkerung (1996):
56 %.

denverkehrsorte sind schon seit Jahrzehnten Bosnier, Serben, Albaner, Makedonen und Slowenen zugewandert, die inzwischen die kroatische Staatsbürgerschaft erworben haben. Istrien vereint viele Völker auf kleinem Raum, und es scheint, als gelänge das Zusammenleben hier ohne größere Konflikte.

Ballungszentren bilden neben den slowenischen Küstenorten die Hafen- und Industriestädte Rijeka und Pula. Das Innere Istriens ist nur dünn besiedelt, ebenso die Inseln, die vor dem wirtschaftlichen Aufschwung durch den Tourismus große Teile der Bevölkerung durch Auswanderung verloren haben.

Traditionell gehören Slowenen, Kroaten und Italiener der römisch-katholischen Kirche an, deren Einfluss im selbstständigen kroatischen Staat stark zugenommen hat.

Das Slowenische und das Kroatische sind Zweige der südslawischen Sprachfamilie. Die Schriftsprache der Kroaten wird in der Wissenschaft auch Serbokroatisch oder Kroatoserbisch genannt, sie ist im 19. Jh. bei den Bemühungen um eine „nationale Wiedergeburt" der unter fremder Herrschaft stehenden slawischen Völker des Balkans geschaffen worden. Die kroatische Mundart der Region teilt viele Eigentümlichkeiten mit dem benachbarten Slowenischen und ist mit zahlreichen italienischen Wörtern durchsetzt. In Gebieten mit italienischer Minderheit sind Aufschriften zweisprachig, es gibt italienische Zeitungen und Zeitschriften sowie Rundfunkprogramme. Italienisch gilt dort auch als zweite Amtssprache.

Nachkommen der romanischen Bevölkerung leben noch in einigen Orten Westistriens. Sie sprechen das vom Balkanlatein abstammende Dalmato-Istrisch (Istroromanisch oder Istriotisch), das außerhalb dieser Enklaven ausgestorben ist.

In Fremdenverkehrsorten wird überall Deutsch verstanden, neben Englisch und Italienisch die gebräuchlichste Fremdsprache.

Staat und Politik

Die Republik Kroatien *(Republika Hrvatska)* ist nach der Verfassung von 1990 ein „einheitlicher, unteilbarer, demokratischer und sozialer Staat". Gesetzgebendes Organ ist der Sabor, das Parlament. Es besteht aus zwei Kammern, dem Repräsentantenhaus mit 127 Abgeordneten und dem „Haus der Gespanschaften" mit 68 Mitgliedern, einer Art Oberhaus, in dem die 21 Gespanschaften (Županije) oder Regierungsbezirke Kroatiens vertreten sind. Staatsoberhaupt ist der Präsident, derzeit Stipe Mesić. Er besitzt eine starke Machtposition und ist dem Parlament nicht verantwortlich.

Das Gebiet dieses Reiseführers besteht aus drei Regierungsbezirken: Istrien (Hauptstadt: Pazin) mit rund 204 000 Einwohnern, Küstenland Gorski Kotar (nördliche Küste und Hinterland von Rijeka; Hauptstadt: Rijeka) mit 323 000 Einwohnern und Lika-Senj (Hauptstadt Gospić) mit 71 000 Einwohnern, einst Teil der österreichischen Militärgrenze zum Osmanischen Reich.

Die Klosterinsel Košljun in der weiten Bucht von Punat auf Krk

Geschichte im Überblick

Die Ostküste der Adria und die Inseln waren schon im Neolithikum bewohnt. In Istrien errichteten die Menschen der Bronzezeit befestigte Hügelsiedlungen, die Castellieri.

Um 1200 v. Chr. Aus Mitteleuropa wandern Stämme des indoeuropäischen Volks der Illyrer ein: Die Japoden siedeln sich im Osten der Kvarnerbucht an, die Liburner im Norden, die Histrier auf der nach ihnen benannten Halbinsel.

181 v. Chr. Die Römer beginnen mit der Eroberung Istriens. Unter Augustus (30 v.–14 n. Chr.) werden die gesamte Küstenregion und das Hinterland dem Imperium einverleibt und bleiben römisch bis 535.

Um 620 Im Norden Istriens siedeln Slowenen. Im übrigen Istrien, auf den Inseln und in Dalmatien wird ein anderer slawischer Stamm, die Kroaten, sesshaft. In den Städten kann sich die romanische Bevölkerung halten.

Ab 1000 Die Seehandelsrepublik Venedig beginnt mit der Unterwerfung von Istrien und der Inseln, später auch Dalmatiens.

1102 Kroatien und Ungarn verbinden sich in einer Personalunion.

1137 Der Meranien („Land am Meer") genannte Küstenstrich zwischen der Rašamündung und dem heutigen Rijeka wird Lehen der bairischen Grafen von Andechs.

1374 Inneristrien fällt an die Habsburger. Bis 1797 teilen sich Venedig und Österreich die Halbinsel.

1480 Türkische Streifscharen stoßen plündernd und brandschatzend bis in den Norden Istriens vor.

1630 Eine Pestepidemie rafft große Teile der Bevölkerung Istriens dahin. Die venezianischen und die österreichischen Behörden siedeln Flüchtlinge aus den von Türken besetzten oder bedrohten Gebieten auf dem Balkan und aus Dalmatien an. Kolonisten aus Friaul und aus Krain fassen in Istrien Fuß. Die neue Landbevölkerung geht im kroatischen Volkstum auf, die Städter nehmen die italienische Sprache an.

1797 Napoleon löst im Frieden von Campoformio die Republik Venedig auf, Istrien und das Kvarnergebiet kommen zu Österreich.

1809–1814 Napoleon fasst Istrien und Dalmatien mit Triest, Krain und Teilen Kärntens zu den Illyrischen Provinzen zusammen. 1815 fällt das Gebiet an Österreich.

1861 In Poreč konstituiert sich ein istrischer Landtag. Kroatische und italienische Nationalbewegungen werden gegründet.

1918 Am Ende des Ersten Weltkriegs (1914–1918) bricht die österreichisch-ungarische Monarchie zusammen. Kroatien vereinigt sich mit Slowenien, Serbien und Montenegro zum serbisch dominierten „Königreich der Serben, Kroaten und Slowenen" (SHS).

1920 Im Vertrag von Rapallo fallen Istrien, das Kvarnergebiet und Teile Dalmatiens an Italien. Mussolini verbietet ab 1922 die slowenische und die kroatische Sprache; eine rigorose Italienisierungspolitik setzt ein.

1929 König Alexander aus der serbischen Dynastie Karadjordjević (ermordet 1934) errichtet eine Diktatur und proklamiert das Königreich Jugoslawien („Südslawien").

1941 Deutsche, italienische und ungarische Truppen marschieren ein. Die deutschen Besatzer installieren den Satelliten „Unabhängiger Staat Kroatien" unter dem faschistischen Ustašaführer Ante Pavelić. Die serbische und jüdische Bevölkerung wird rücksichtslos verfolgt.

1943 Italien kapituliert. Kroatische und italienische Partisanen kämpfen gegen die deutschen Besatzer.

1945 Nach der Niederlage Deutschlands und dem Sieg der Volksbefreiungsarmee werden Slowenien und Kroatien als Sozialistische Republiken wieder Bestandteile Jugoslawiens. Der Partisanenmarschall Josip Broz-Tito wird Staatspräsident.

1947 Italien muss von Engländern, Amerikanern und Jugoslawen besetzte Gebiete abtreten, sie fallen an Slowenien und Kroatien. Große Teile der italienischen Bevölkerung verlassen das Land.

1954 Die umstrittene Stadt Triest kehrt zu Italien zurück.

1980 Nach dem Tod Titos kommt es zu wirtschaftlichen und politischen Auflösungserscheinungen.

1990 In Kroatien wird das Mehrparteiensystem eingeführt. Staatspräsident wird Dr. Franjo Tuđman.

1991 In Volksabstimmungen votieren Slowenen und Kroaten für die Unabhängigkeit. Es kommt zu Kriegshandlungen im kroatischen Slawonien und in der Krajina, dann zum Bürgerkrieg in Bosnien-Herzegowina.

1995 Die kroatische Armee erobert das Gebiet der „Serbischen Republik Krajina" im Hinterland der Adriaküste; die Bevölkerung flieht in den serbischen Teil Bosniens und nach Serbien. Das Friedensabkommen von Dayton (USA) beendet die Kämpfe.

2000 Staatspräsident Franjo Tuđman stirbt. Bei den Präsidentschaftswahlen erringt Stipe Mesić die Stimmenmehrheit.

Unter Kaiser Augustus eroberten die Römer die Ostküste der Adria

Das älteste Dokument des Kroatischen: die „Tafel von Baška"

Denkmäler erinnern an den Partisanenkampf

Kultur gestern und heute

In Istrien und im Kvarnergebiet findet der Kunstfreund keine hochragenden Dome, keine prächtigen Königsschlösser und keine Museen von Weltrang, dafür aber viele kleine Kostbarkeiten, die zeigen, dass auch in diesem kargen Land, wo die Menschen von jeher hart ums Überleben gekämpft haben, die europäische Kultur Fuß gefasst hat.

Im Lauf der Jahrtausende war Istrien fremden Strömungen und Einflüssen ausgesetzt. Hier endete die Bernsteinstraße, auf der schon in der Jungsteinzeit das begehrte Schmuckmaterial von der Ostseeküste ans Mittelmeer gebracht wurde. Immer wieder kamen Einwanderer aus dem Osten und Südosten nach Istrien, griechische Händler gingen an Land, und die Legionen der Römer zogen ein.

Das Gebiet wurde von Beamten aus Byzanz verwaltet, von bairischen Grafen und venezianischen Statthaltern, schließlich wehten die schwarzgoldene Fahne der k.u.k. Monarchie und die grünweißrote Trikolore Italiens über den Städten.

Fremde Einflüsse

Römische Baumeister, Maler aus den Alpenländern und aus Oberitalien wirkten hier; einheimische Steinmetzen meißelten Kapitelle für die Römertempel und schufen gotische Maßwerke für Patrizierhäuser und Kirchen. Architekten aus Wien und Budapest stellten in der Gründerzeit Hotelpaläste an die Ufer der Adria, und nach dem Zweiten Weltkrieg bevölkerten sich verlassene Ortschaften mit Malern, Bildhauern, Schriftstellern und Musikern aus dem ganzen damaligen Jugoslawien.

Von den Römern zu den Venezianern

Die Römer haben besonders in Istrien viele Spuren hinterlassen: Am eindrucksvollsten sind das Amphitheater, der Augustustempel und der Triumphbogen Porta Aurea in Pula, ansehnliche Ruinenstätten wurden auf Brioni und in Nesactium bei Pula freigelegt. Unter den frühchristlich-byzantinischen Kunstwerken ragen die Mosaiken in der Euphrasius-Basilika von Poreč hervor. Die mittelalterliche Freskenkunst zeigt Einflüsse aus den Alpenländern, so in Hrastovlje im slowenischen Istrien und in Beram bei Pazin. Charakteristisch für die Bauskulptur ist die vorromanische Flechtornamentik aus geometrisch stilisierten Pflanzenmotiven.

Allee der Glagoliter

Ein einzigartiges Denkmal der altkroatischen Kultur ist die 1977 zwischen Roč und Hum angelegte Aleja glagoljoša. Durch eine zauberhafte Wiesenlandschaft führt der sieben Kilometer lange Weg, den zahlreiche Skulpturen des Bildhauers Želimir Janes säumen. Sie stellen wichtige Persönlichkeiten und Ereignisse dar, die für die Bildung der kroatisch-slawischen Identität wichtig waren.

Der 500 Jahre lang das Land prägende Einfluss Venedigs fällt allenthalben ins Auge. Rathäuser, Patrizierpaläste und Loggien wurden im Stil der venezianischen Gotik errichtet, man sieht Glockentürme nach dem Vorbild des Campanile auf dem Markusplatz und Kirchen in venezianischem Barock. Stadtbefestigungen sind mit Toren geschmückt, die noch das Herrschaftszeichen des Markuslöwen tragen.

Literarische Landschaft

In Istrien und der Kvarnerregion reichen die Wurzeln des kroatischen Schrifttums am tiefsten hinab in die

Vergangenheit. Bis ins 20. Jh. hinein wurden hier kirchliche Literatur und Dokumente in der glagolitischen Schrift abgefasst, die im 9. Jh. entstanden ist. Sie wurde wahrscheinlich von den Slawenaposteln Kyrill und Method aus der griechischen Schrift entwickelt, wie die später entstandenen, nach Kyrill benannten Buchstaben, deren sich heute noch Makedonier, Serben, Bulgaren, Russen und Ukrainer bedienen.

Bei Bauarbeiten in Pula entdeckt: das römische Dirke-Mosaik

In glagolitischer Schrift ist das älteste erhaltene Denkmal der kroatischen Sprache überliefert, eine Schenkungsurkunde aus der Zeit um 1100, die „Tafel von Baška". Auch das älteste gedruckte Buch in kroatischer Sprache, ein Messbuch von 1483, kam in glagolitischen Lettern aus einer dörflichen Druckerpresse gleich hinter der Adriaküste. Uralte und neuere Inschriften in der Glagolitza findet man an den Eingängen von Kirchen und anderen Gebäuden, aber auch auf Tourismusprospekten – Schrift und Sprache gelten für die Kroaten nicht erst seit der Unabhängigkeit als Zeichen ihrer nationalen Identität und als Beweis für die kroatische Besiedlung schon im Mittelalter.

Romanisches Säulenkapitell in der St.-Maria-Kathedrale von Krk auf Krk

Literatur im 20. Jahrhundert

Im 20. Jh. stellt sich der nördliche Adriaraum als eigenständige Provinz der modernen europäischen Literatur dar. Als es unter österreichischer Herrschaft von Triest bis Dalmatien keine Grenzen gab, fanden hier italienische, slowenische und kroatische Schriftsteller Anschluss an die europäische Moderne. Auch heute bildet Istrien mit der slowenischen Küste, mit Triest und seinem Hinterland eine literarische Landschaft, in der in Italienisch, Slowenisch, Kroatisch und sogar in dem nur noch von einer Minderheit gesprochenen Istroromanisch geschrieben wird. Übersetzungen ins Deutsche sind selten und nur schwer zugänglich.

Venezianische Gotik in Vodnjan

Städte und Dörfer aus grauem Stein

Die Küstenorte Istriens und des Kvarnergebiets liegen entweder auf Landzungen oder ehemaligen Inseln, die später mit dem Festland verbunden wurden; die Siedlungen im Innern dagegen bekrönen meist Hügelkuppen, wo schon in der Bronzezeit die *Castellieri* genannten Wallburgen standen. Hier ist auch weitgehend die alte Stadtstruktur erhalten geblieben: Die Häuser gruppieren sich um die Kirche und den Hauptplatz mit der Loggia, in der sich die Gemeinde versammelte und in der Gericht gehalten wurde. Unregelmäßig und krumm verlaufen die Gassen, sie sollten Schatten bieten und den Wind brechen. Die aus Steinen gebauten und mit runden Ziegeln („Mönch und Nonne") gedeckten Häuser sind untereinander durch enge Durchgänge und Bögen verbunden, gewölbte Portale führen in malerische Innenhöfe mit steinernen Zisternen.

In den Dörfern findet man noch eingeschossige Häuser; sie waren früher mit Stroh oder Steinplatten gedeckt. Die meisten Bauernhäuser sind jedoch doppelstöckig. Unten befinden sich der Stall und der *Konoba* genannte Keller, wo Werkzeuge und Geräte, Wein und Lebensmittel aufbewahrt werden. Im Obergeschoss, zu dem eine Außentreppe hinaufführt, liegen die Küche, die ursprünglich eine offene Feuerstelle hatte, und je nach Größe des Hauses ein oder mehrere Zimmer.

In der meist dünn besiedelten Landschaft Istriens außerhalb der Städte und Dörfer sieht man da und dort alte Gutshöfe aus mehreren Gebäuden, die *Štancija* genannt werden. Man nutzt sie heute oft als Ausflugsgaststätten, als Reiterhöfe oder für andere touristische Zwecke.

Auf Feldern und Weiden stehen auch heute noch die *Kažuni*, uralte Rundhütten mit Kuppeldach aus aufeinander geschichteten Steinen ohne Mörtelverbindung. Sie dienten als Unterstände für Mensch und Vieh bei Unwettern. Besonders auf den Inseln fallen die *Gromače* auf. Die langen Steinmauern sind Zeugnisse generationenlanger, mühsamer Arbeit. Man hat sie als Abgrenzungen von Schafweiden errichtet, aber auch zur Umzäunung von Feldern und zum Schutz der kostbaren Erde in den Dolinen genannten Karstlöchern. Die Mauern halten den Wind, besonders die heftige Bura, ab und verhindern, dass starke Regengüsse die Erde wegschwemmen oder Weidetiere die Pflanzen abgrasen.

Die alten Trachten kann der Besucher nur noch bei Folkloreveranstaltungen sehen. Wichtigstes Material war Schafwolle, die gewöhnlich mit Eichenrinde braun eingefärbt wurde. Ältere Frauen tragen auch heute noch dunkle Kleidung, die an die überlieferte Tracht erinnert. Katholischer Tradition gemäß wird in vielen Orten der Karneval mit Maskenumzügen gefeiert. Auf touristischen Festen kann man noch schöne Volkstänze erleben, die größtenteils im 19. Jh. entstanden sind.

Eine Besonderheit Istriens und des Kvarner zeigt sich in überlieferten Liedern und in der Instrumentalmusik. Ihre Melodik folgt der „istrischen Tonleiter", die aus einer Reihe von nur sechs nicht temperierten Tönen besteht und deshalb sehr urtümlich klingt. Originell sind auch die Musikinstrumente, zum Beispiel die *Sopele*, ein oboenähnliches Holzblasinstrument mit Rohrblatt.

Von Istrien bis hinunter nach Dalmatien haben sich in Städten und Dörfern Gruppen von vier bis acht Männern, *Klapa* genannt, zusammengeschlossen. Sie widmen sich der Pflege von Volksliedern alter und neuerer Herkunft und treten auch vor Touristen auf.

Eine eigene Stimme im literarischen Konzert ist die des Italieners Fulvio Tomizza, der 1935 im istrischen Dorf Materada geboren wurde. Er verließ 1954 wie viele seiner Landsleute die Heimat und wanderte nach Triest aus, hat heute aber seinen Zweitwohnsitz wieder in Istrien. In „Materada" (dt. Hanser, München 1993) beschreibt Tomizza die Situation der italienischen und slawischen Bevölkerung in der Nachkriegszeit und vor der großen Auswanderungswelle. Sein Meisterwerk, der Roman „Eine bessere Welt" (dt. Kiepenheuer & Witsch, Köln 1979), schildert die bäuerlich-archaische Gesellschaft dieses Grenzgebietes, in die das Gift des Nationalismus eindringt.

In der Karstlandschaft stehen die Kažuni genannten Rundhütten …

… und die langen, ohne jeglichen Mörtel aufgeschichteten Mauern

Feste und Veranstaltungen

Einige Feste haben sich über Jahrhunderte hin erhalten, andere wurden dem Fremdenverkehr zuliebe wieder zum Leben erweckt. Neben den kirchlichen Feiertagen war es in der ländlichen Gesellschaft vor allem die Zeit nach der Ernte, in der nach einem arbeitsreichen Sommer unbeschwert gefeiert werden konnte. Die schönsten Feste finden daher in dieser Gegend im Herbst statt.

In Buje dreht sich im Herbst bei dem *Festa dell'uva* alles um den istrischen Weißwein Malvazija. Es wird Ende September vor der Pfarrkirche San Servolo mit großem Gepränge abgehalten.

In Kastav begehen die Menschen am ersten Sonntag im Oktober die *Bila nedeja* („Weißer Sonntag"). Da wird junger Wein ausgeschenkt, fahrende Händler haben ihre Stände aufgeschlagen, daneben gibt es einen Flohmarkt und es wird eifrig getanzt.

In zahlreichen Dörfern feiert man mit Prozessionen, Musik und kulinarischem Angebot den Festtag des jeweiligen Schutzpatrons.

Beim Fest der Kastanien in Lovran

Tipp Auf Jahrmärkten *(sajam)* verkaufen Händler und Bauern aus der Umgebung Geschirr und Trödel, Klöppelspitzen und Lebensmittel, Hühner und Holzschnitzereien. In Pazin an jedem ersten Dienstag im Monat, in Žminj an jedem zweiten Mittwoch, in Vodnjan an jedem ersten Samstag, in Motovun an jedem dritten Montag, in Svetvinčenat an jedem dritten Dienstag, in Buzet an jedem dritten Donnerstag und in Vižnjan an jedem letzten Donnerstag.

In vielen Badeorten kommen sich Einheimische und Touristen bei spektakulären Festen mit Wein, Spezialitäten, Gesang und Tanz näher, z. B. beim „Tag der Fischer“ oder beim „Sardinenfest“.

Festspiele werden hauptsächlich im Juli und im August veranstaltet. In der Stadt Krk gibt es Musik- und Theateraufführungen, in Opatija Konzerte, Ballett und Opern, in Osor Musikabende mit oft berühmten Künstlern. Die römische Arena von Pula bietet eine romantische Kulisse für Konzerte, Theater- und Opernvorstellungen sowie für ein Festival kroatischer Filme. Lebhaft und interessant ist das Musikleben in der heute vor allem von Künstlern bewohnten istrischen Stadt Grožnjan, wo es nicht nur während der Sommerkurse der „Jeunesse musicale“, sondern auch in der übrigen Zeit aus allen Gassen und Häusern schallt.

Marunada

Lovran, das inmitten von Kastanienwäldern liegt, steht in der zweiten Oktoberhälfte im Zeichen der Marunada: Zwei Wochen lang gibt es Edelkastanien in jeder denkbaren Form zu essen, dazu Spezialitäten vom Grill und köstliche Meeresfrüchte, die mit dem istrischen Malvazija hinuntergespült werden. Mit viel südländischem Temperament wird zum Kauf von Unnützem und Nützlichem animiert.

Essen und Trinken

Im Urlaub will man gut essen und trinken. Für den einen heißt das, nicht auf die zu Hause gewohnten Gerichte verzichten zu müssen, für den andern, auch mit Zunge und Gaumen Neues zu erleben. Für beide ist in dieser Region gesorgt. Der Gast wird allerdings feststellen, dass sie ihren einstigen Ruf als gastronomisches Billigland verloren hat. Das Preisniveau ist in den letzten Jahren gestiegen – aber auch die Qualität.

Internationale Küche

Lange Zeit beherrschte die südjugoslawische Küche mit ihren Grillgerichten die Speisekarten Istriens. Heute reagieren angesehene Gastronomen fast beleidigt, wenn Gäste Ćevapčići bestellen. Istriens Köche haben die Vielfalt der mediterranen Kochtraditionen wieder entdeckt und komponieren mit großer Fantasie und viel Geschick die delikatesten Speisen. Fisch und Meeresfrüchte stehen ganz hoch im Kurs, und auch traditionell istrische Spezialitäten findet der Gast immer häufiger auf der Speisekarte - nicht nur in der ländlichen Konoba, sondern auch in Gourmet-Restaurants.

Wer's eilig hat und wenig ausgeben will, findet überall Fastfood-Stände, Lokale mit Spaghetti, Ravioli und Lasagne sowie Pizzerien. Preiswerte Gerichte wie *Ražnići* (Fleischstückchen am Spieß), die Hackfleischwürstchen *Ćevapčići* und die Hackfleischfladen *Pljeskavica*, alles vom Holzkohlenrost und mit Zwiebeln und der scharfen roten Soße Ajvar garniert, gibt es in den meisten Restaurants. Hier, wo sich Sprachen und Küchen mischen, bekommt man Gerichte aus Ober- und

Mittelitalien, ebenso Gulasch, Paprikasch und Mehlspeisen, die aus Ungarn und Österreich zugewandert sind; in Landgasthäusern auch Einheimisches.

Jelovnik – die Speisenkarte

Bei den typischen Vorspeisen steht an erster Stelle der *Pršut,* hauchdünn geschnittener, luftgetrockneter Schinken, der mit Oliven und Brot serviert wird. Auch Käse *(sir)* gehört dazu, meist vom Schaf wie der köstliche *Paški sir* von der Insel Pag. Appetitanregend wirken gesalzene, in Öl eingelegte Sardellen *(slane sardelice),* marinierter Fisch *(marinirana riba)* und Salate aus Tintenfisch oder Oktopus *(polyp).*

Die einheimische Küche bietet hervorragende Eintopfgerichte: die kräftige dicke Gemüsesuppe *Maneštra* mit Rauchfleisch, Bohnen und oft auch Maiskörnern, dann die *Jota* (Schweinsrippchen, Speck, Bohnen, Sauerkraut, Kartoffeln, alles kräftig gewürzt) und schließlich *Pašta fažol* aus Geräuchertem, Bohnen, Makkaroni und Tomaten. Beliebt sind auch Omeletts oder Rühreier mit Gemüsen, im Frühjahr mit Wildspargel *(Šparga)* oder Löwenzahnblättern verfeinert. Im Herbst werden für Feinschmecker Omeletts mit Weinbergschnecken und mit den berühmten istrischen Trüffeln *(tartufi)* zubereitet.

Reich ist auch die Auswahl an Reisgerichten, den Risottos: *Rižot* mit Erbsen *(risibisi),* mit Fleischsorten und *Pršut* sowie Meeresfrüchten und Fisch.

Obwohl die Region ein Küstenland ist, sind Fleischgerichte meist billiger als Fisch und Meeresfrüchte. Neben dem balkanischen Gegrillten gibt es auch einheimische Fleischspezialitäten, wie *Ombolo* (luftgetrocknetes Schweinskotelett, das man kalt, gegrillt oder gebraten isst) und *Žvacet,* ein Ragout aus verschiedenen Fleischsorten, dazu Lamm- und Hammel-Gerichte. Vor den Landgaststätten drehen sich Spieße über Holzkohlenfeuer, an denen Lämmer oder Spanferkel gebraten werden.

Groß ist das Angebot an Gemüse, Obst und Fleischerzeugnissen

Hier werden Ćevapčići gegrillt

Im Hinterland Istriens kann man ausgezeichnetes Wild essen: Fasan, Rebhuhn, Hase, Reh und Wildschwein. Auch Geflügelgerichte vom Truthahn stehen häufig auf der Speisenkarte.

Die Beilagen muten eher italienisch an (obwohl auch Kartoffeln üblich sind). Außer den gängigen Nudelsorten kommen *Fuži* (gedrehte Teigflecken) auf den Tisch oder *Njoki* (die italienischen Gnocchi), und zu allen Fleisch-, Fisch- und besonders Wildgerichten passt der Maisbrei *Palenta*.

Gemüse spielt eine große Rolle. Das Universalgemüse des Küstenlands ist die *Blitva* (Mangold), die gedünstet oder als Salat mit Essig und Öl angerichtet wird. Neben den üblichen Salaten (grüner, gemischter, Krautsalat usw.) wird mitunter auch Radicchio *(radič)* angeboten oder Salat aus Zucchini, Auberginen, Blitva, *Riga* (Rukula), Bohnen und Kichererbsen.

Aus dem Meer

Selbstverständlich sind Köstlichkeiten des Meeres auf den Speisenkarten reichlich vertreten. Auf der oberen Preisskala rangieren die so genannten weißen Fische wie Zahnbrasse *(brancin)*, Goldbrasse *(orada)*, Seehecht *(oslič)* und Scholle *(list)*. Billiger sind Makrelen *(skuša* oder *škombra)*, Sardinen und Sardellen sowie die winzigen, als Ganzes in Öl ausgebackenen *Girice*.

Die edleren Fische werden entweder auf dem Holzkohlenrost, der *Gradela*, gegrillt oder in einem Weinsud gedünstet. Typisch sind die aus Stockfisch (getrockneter Kabeljau) zubereiteten *Bakalar*-Gerichte.

Aus verschiedenen kleinen Fischen, oft auch Muscheln und Tintenfischen, besteht das *Brodet*, ein gut gewürzter Eintopf. Schalentiere, Krusten- und Weichtiere bekommt der Gast in der Regel *na buzaru*, in einer Soße aus Olivenöl, Knoblauch, Tomaten, Semmelbröseln und Wein. Besonders begehrt ist der Hummer *(jastog)*, aber auch die Scampi *(škampi)* genannten Garnelen, die hauptsächlich im Kvarnergolf gefangen werden. Tintenfische *(lignje* oder *kalamari* und *sipe)* kann man gegrillt, gefüllt, in einer Soße gedünstet, frittiert, *na buzaru* oder als Salat essen.

Leckere Desserts

An Desserts bietet die Speisenkarte außer Eisschleckereien Strudel (meist mit Obst gefüllter Teig), Palatschinken (gefüllte Pfannkuchen) und allerlei Kuchen. Echt küstenländische Süßspeisen aber sind die *Fritule*, Kugeln aus Hefeteig, und die *Kroštule*, Streifen aus mit Öl bereitetem Mürbteig, beides in Öl ausgebacken und mit Zucker bestreut.

Ohne Brot geht nichts

Und noch ein Wort zum Brot *(kruh)*: Bei den Einheimischen gehört es, wie bei allen Südländern, als Hauptbestandteil zu allen Mahlzeiten. Nach alter Art gebacken, schmeckt das weiße hervorragend, leider kommt es heute oft aus der Fabrik. Es gibt daneben

Wohin zum Essen?

kroat. restoran / ital. ristorante
Restaurant

riblji restoran
Fischrestaurant

gostiona, gostionica / trattoria
Gasthaus

oštarija / osteria
Wirtshaus

konoba, podrum / cantina
Weinkeller

bufet (bife), bistro, bar
Imbiss, Bar

kavana / caffè
Café

slastičarna, slastičarnica / pasticceria
Konditorei, Eisdiele

dunkleres und Vollkornbrot, gut ist auch Brot aus Maismehl.

Straßencafé im Seebad Opatija

Pića – Getränke

Auf der Getränkekarte steht natürlich der Wein *(vino)* an erster Stelle – und zwar der istrische, denn Istrien ist ein klassisches Weinland. Der Weinbau blüht in den Gebieten um Buje, Umag, Novigrad, Poreč, Rovinj, Pula, Motovun, Buzet, Pazin und Labin. Man kann sorglos jeden Landwein trinken, er ist naturrein und ohne künstliche Zusätze.

Der rote *Teran* wird zu Pršut und Käse, auch zu Fleischgerichten empfohlen, die dunkelroten *Merlot* und *Cabernet* zu Wild. Die weiße *Malvazija* (Malvasier) wird trocken oder süß gekeltert. Die trockene passt zu Fisch, Geflügel und Lamm, die süße trinkt man als Dessertwein. Weitere Sorten sind *Pinot*, *Chardonnay*, *Borgonja* und *Refošk*.

Von den ländlichen Inselweinen ist nur einer hervorzuheben: Die *Žlahtina* von Vrbnik auf der Insel Krk, ein bernsteingelber trockener Tropfen.

Frische Meeresfrüchte werden in den Badeorten aufgetischt

Weißer Wein mit Mineralwasser heißt *Gemišt*, roter Wein mit gewöhnlichem Wasser *Bevanda*.

Bier *(pivo)* wird in Kroatien und Slowenien gebraut, es werden aber auch ausländische Marken angeboten. Die beliebtesten einheimischen Schnäpse *(rakija)* sind der Traubenbranntwein *Lozovača* (kurz *Loza*), die mit Kräutern angesetzte *Travarica* und der Sliwowitz *(šljivovica)* aus Zwetschgen.

Aus istrischen Reben gekeltert

Alkoholfreie Getränke werden ebenfalls in großer Auswahl angeboten: Mineralwasser *(mineralna voda)* und Obstsaft *(voćni sok)* aus heimischer Abfüllung schmecken hervorragend. Kaffee *(kava)* wird nur noch selten als „türkischer“ in Kupferkännchen aufgebrüht, er ist weitgehend von Espresso und Cappuccino verdrängt worden.

Urlaub aktiv

Wer in sein Urlaubsprogramm nicht nur Ausspannen, sondern auch aktive Erholung geschrieben hat, findet an der kroatischen Adriaküste, besonders aber in den Ferienzentren Istriens, genügend Möglichkeiten Sport zu treiben. Neben den im Folgenden alphabetisch aufgeführten Hauptsportarten kommen auch die „kleinen“ nicht zu kurz: Kegelbahnen gibt es in Hotels, Tischtennis und Minigolf kann praktisch überall gespielt werden, und am Rand vieler Strände sind Volleyballnetze gespannt. Fitnesszentren haben einige Hotels und private Betreiber eingerichtet. Für den klassischen Mittelmeersport Boccia sind allerorts Bahnen vorhanden.

Badeferien

Das Meerwasser ist – abgesehen von der Umgebung größerer Häfen und Industrieanlagen – klar und rein. In die felsige Küstenlinie schmiegen sich Kiesbuchten, Sandstrände sind selten. Allerdings verwöhnen einige Badeorte ihre Gäste mit aufgeschüttetem Sand. Felsenufer sind häufig mit Beton ausgegossen, um Liegeflächen und bequeme Zugänge ins Wasser zu schaffen.

Wegen der im Meer häufig vorkommenden Seeigel empfiehlt es sich Badeschuhe zu tragen.

Taxiboote und Ausflugsschiffe bringen Badegäste zu entfernten Stränden (besonders zu FKK-Buchten), zu den Inseln oder in die Nachbarorte.

Die kroatische Küste ist wohl der Landstrich mit den meisten Nacktbadestränden der Welt. In Istrien und auf den Kvarnerinseln sind sie am häufigsten zu finden, es gibt FKK-Campingplätze, offizielle Nacktbadestrände und einsame Buchten, wo hüllenloses Baden geduldet wird.

Gesundheitsurlaub

Heilkuren bei Erkrankungen der Atemwege (Asthma), bei Rheuma und Herzkrankheiten (Rehabilitation nach Infarkten) bietet Opatija (Hotel Thalassotherapia), Wellentherapie bei Kreislauferkrankungen Crikvenica (Hotel Therapia). Im Schwefelbad Istarske Toplice behandelt man Erkrankungen der Atemwege, Rheuma, Haut- und Frauenkrankheiten (Kurhotel Mirna).

Badefreuden

Besonders im Westen der istrischen Halbinsel reichen die dunklen Wälder aus Strandkiefern und Pinien bis fast ans Wasser, sodass man auch an heißesten Tagen immer zwei kühle Plätze findet: im Meer und im Schatten der Bäume.

Golf

Einlochen kann man auf den Greens im Nationalpark Brioni (9-Loch-Anlage, wird noch ausgebaut); Nacionalni Park, 52214 Brijuni, ☏ 052/525-930, FAX 525-806.

Radfahren

Auf Istrien und den Inseln lassen sich schöne Radausflüge unternehmen, die viel befahrene Adriamagistrale an der Ostküste des Kvarner ist dazu weniger geeignet.

Radtouren durch das Hügelland Innneristriens (bei Vižinada und Pazin) sind in Routenkarten beschrieben, die von den Fremdenverkehrsverbänden Poreč und Pazin herausgegeben wurden. Sie sind dort und bei den Vertretungen der Kroatischen Zentrale für Tourismus (s. S. 93) erhältlich.

Organisierte Radtouren werden auch von lokalen Reiseveranstaltern angeboten. Fahrräder kann man vielerorts mieten.

Reiten

Für das Glück auf dem Rücken der Pferde sorgen Reitklubs und Reiterhöfe, die Unterricht erteilen und Ausritte sowie organisiertes Trekking in den Feriengebieten von Umag, Vrsar, Rovinj und Pula sowie im Landesinneren und auf den Inseln anbieten. Detailliertere Informationen erhalten Sie bei allen örtlichen Fremdenverkehrsverbänden.

Wandern

Besonders im Frühjahr lässt es sich in Istrien, auf den Inseln und im Hinterland der Ostküste (Nationalparks Plitwitzer Seen und Risnjak) gut wandern. Einige Fremdenverkehrsorte haben Wander- und Spazierwege angelegt, die die Sehenswürdigkeiten der Umgebung erschließen; Informationen erhält man bei den örtlichen Tourismusbüros.

Segelrevier Adriaküste

Für manch einen Skipper gilt die kroatische Adriaküste als schönstes Segelrevier des Mittelmeers. Istrien, die Inseln im Kvarnergolf und die Festlandküste im Osten bezaubern mit großartigen Landschaften aus kahlen Felsenufern und schroffen Vorgebirgen, stillen Buchten vor dunkelgrünen Wäldern und mit Küstenorten, die ihre Reize vor allem dem zeigen, der sich ihnen von See her nähert.

Entlang der istrischen Ostküste segelt man an alten venezianischen Städten vorüber, und alle paar Seemeilen findet man eine geschützte und gut ausgestattete Marina.

In der Kvarnerbucht faszinieren der Kulissenwechsel von Inseln und Festlandbergen, die oft abrupt wechselnden Windverhältnisse, die viel seglerisches Können erfordern, und die sauberen, glasklaren Gewässer. Auch hier gibt es vielerorts Jachthäfen, die sich um Versorgung, Überwinterung, Charter und Reparaturen kümmern.

Gut ausgestattete, moderne Marinen findet der Skipper in den slowenischen Hafenstädten Koper, Izola und Portorož, in Kroatien in Umag, Novigrad, Červar-Porat, Poreč, Rovinj, Pula, Veruda, Pomer, Ičići, Opatija, Cres (Insel Cres), Punat (Insel Krk), Rab und Supetarska Draga (Insel Rab).

Einige Jachthäfen werden privat betrieben, andere haben sich zum „Adriatic Croatia International Club" (ACI) zusammengeschlossen, dessen Zentrale in Opatija sitzt: 51410 Opatija, Maršala Tita 221, ☎ 051/271-288, FAX 271-824. In den kroatischen Marinen kann man auch Boote und Jachten chartern. Auskunft erteilt der Deutsche Segler-Verband (DSV), Kreuzer-Abteilung, Dichtlstraße 2, 80689 München, ☎ 0 89/58 62 82, und der ACI in Opatija.

Uralte Hirtenwege führen kreuz und quer durch Istrien und über die Inseln, sie sind jedoch nur selten als Wanderwege markiert. Wer hier unterwegs ist, benötigt einen guten Orientierungssinn und gutes Schuhwerk.

Wassersport

Das Ostufer der Adria mit seinen unzähligen Inseln, Buchten und Meerengen ist ein einzigartiges Wassersportrevier aller Art. In jedem größeren Badeort gibt es einen Bootsverleih, wo man Ruder-, Tret-, Segel- und Motorboote oder Surfbretter mieten kann. In allen größeren Touristensiedlungen und Campingplätzen bieten Surf-, Tauch- und Wasserskischulen ihre Dienste an. Segelschulen findet man in Pula und Rovinj.

Wanderers Traum

Bizarre Felsformationen, eine reiche endemische Pflanzenwelt und bestechende Ausblicke auf die Inseln der Kvarnerbucht finden Wanderer im Velebitgebirge, das bis zu 1757 m hoch übers Meer aufragt. Der kürzeste Weg zum herrlichen Botanischen Garten Zavižan windet sich serpentinenreich vom Küstenort Jurjevo (s. S.74) aus.

Für Segler, Bootstouristen und Taucher hat die Kroatische Zentrale für Tourismus zusammen mit dem Schifffahrtsministerium die Broschüre „Wassersport“ herausgegeben. Sie enthält die wichtigsten Angaben für Wassersportler und ist bei den Vertretungen der Kroatischen Zentrale für Tourismus (s. S. 93) kostenlos erhältlich.

Die kroatischen Behörden arbeiten zur Zeit strengere Vorschriften für den motorisierten Wassersport aus, nachdem es in den letzten Jahren zu schweren Unfällen gekommen ist, an denen Wasserskifahrer und Aquascooter beteiligt waren.

Unterkunft

Wer an der nördlichen Ostküste der Adria oder auf den Inseln einen Bade- oder Sporturlaub plant, auf der Durchreise ist oder die Sehenswürdigkeiten des Landes erkunden möchte, findet immer ein Dach über dem Kopf oder einen geeigneten Platz für seine selbst mitgebrachte Unterkunft: Hotels aller Kategorien, Pensionen und besonders viele Privatzimmer und Appartements, dazu genügend kleinere und größere, meist gut ausgestattete Campingplätze. Jugendherbergen sind dagegen rar.

In den Fremdenverkehrsorten wird für jede Übernachtung eine Kurtaxe erhoben, deren Höhe stark variieren kann.

Hotels

Kroatien hat die alte Hotel-Bewertung (A, B und C-Kategorie) abgeschafft und sie durch ein Sternchen-System ersetzt. Die Klassifizierung ist sehr streng, vier Sterne bekommen nur Häuser mit höchstem Standard, fünf besitzt in Istrien bislang nur ein Hotel in Opatija. Viele der ehemals staatlichen Hotels wurden privatisiert und renoviert, so dass man zwischen hoch luxuriösen (entsprechend teuren) und einfacheren, preiswerten Häusern wählen kann. Die Preise für Individualreisende sind fast immer bedeutend höher als die für den Pauschalurlauber. Die Vertretungen der Kroatischen Zentrale für Tourismus (s. S. 93) versenden eine alljährlich aktualisierte Hotelpreisliste.

Privatzimmer

Besonders in den Badeorten ist die Auswahl an Privatzimmern und Ferienwohnungen groß. Mit dem dreisprachigen Schild „Sobe, Zimmer, Camere“ oder „Rooms“ werden Fremdenzimmer angepriesen, unter *Apartman* (Mehrzahl *apartmani*) ist eine Ferienwohnung mit Kochgelegenheit oder Küche zu verstehen. Diese Unterkünfte kann man beim Vermieter selbst, beim örtlichen Touristenbüro oder bei Reiseagenturen reservieren lassen. In Privatquartieren erlebt man das Land hautnah.

Das Hotel Kvarner im Kurpark von Opatija ist ein Haus mit Tradition

Camping

An der Küste und auf den Inseln findet der Campingurlauber ein großes Angebot gut ausgestatteter und schattiger Plätze, darunter auch zahlreiche für die Anhänger des hüllenlosen Badens. Allein in Istrien sind im offiziellen Verzeichnis 35 Campingplätze registriert, dazu kommen noch kleine Anlagen, die von örtlichen Grundbesitzern betrieben werden. Man kann auch fest installierte Wohnwagen und gelegentlich Bungalows mieten. Die Plätze sind meist nur von April bis Oktober geöffnet. Im Juli und August sollte man rechtzeitig reservieren. Wildes Campen ist streng verboten, wer erwischt wird, muss mit saftigen Geldstrafen rechnen. Offizielle Verzeichnisse der Campingplätze mit Preisangaben für Istrien und das Kvarnergebiet versendet die Kroatische Zentrale für Tourismus (s. S. 93).

Privatzimmer werden in vielen Sprachen angeboten

Jugendherbergen

Im hier beschriebenen Gebiet gibt es nur drei Jugendherbergen:

Dijaski dom (Studentenheim; nur Juli u. Aug.), Koper (Slowenien), Cankarjeva 5, ☏ 📠 066/391-154.
Omladinski dom (Youth hostel), Punat (Krk), ☏ 051/854-037, 📠 434-962.
Omladinski dom (Youth hostel), Pula (Istrien), ☏ 052/345-95, 📠 423-94.

Eine Voranmeldung ist in der Ferienzeit unerlässlich.

Istriens Campingplätze bieten Platz für Kind und Kegel

Reisewege und Verkehrsmittel

Anreise

Mit dem Flugzeug

Das nördliche Kroatien besitzt drei Flughäfen: Zagreb, Pula und Rijeka. Im Linienverkehr wird von West- und Mitteleuropa nur Zagreb direkt angeflogen, Pula nur über Zagreb. Charterflüge gehen in der Saison nach Pula.

Mit dem Auto

Die schnellsten Wege für Autofahrer zur kroatischen Küste führen über die italienische Hafenstadt Triest oder die slowenische Hauptstadt Ljubljana. Vom östlichen Österreich aus kann man auch über Graz, das slowenische Maribor und die kroatische Hauptstadt Zagreb nach Rijeka gelangen.

Triest erreicht man über Mailand (aus der Schweiz), Verona (Anschluss von der Brennerautobahn A 22) und Venedig (A 4) oder auf der Tauernautobahn und über Villach auf der italienischen Autobahn 23 über Udine und Palmanova. Nach Ljubljana kommt man auf der Tauernautobahn bis Villach und durch den Karawankentunnel (A 1; nur teilweise fertig gestellt), von Osten her über Graz und Maribor. Von Ljubljana aus führt eine Autobahn (A 10) über Postojna mit seiner großartigen Karsthöhle und Sežana an der italienischen Grenze nach Triest; in Postojna zweigt eine Straße nach Süden ab, die bis Rijeka weitergeht (München–Rijeka 651 km).

Autoreisezüge verkehren in der Sommersaison von Berlin, Hannover, Hamburg, Düsseldorf, Köln und München nach Villach in Kärnten, von Wien aus nach der slowenischen Hafenstadt Koper, nach Pula und Rijeka.

Mit der Bahn

Von Deutschland aus ist der Norden der kroatischen Adriaküste mit der Eisenbahn am einfachsten über München, Salzburg, Villach und die slowenische Hauptstadt Ljubljana zu erreichen (München–Rijeka 608 km, Fahrzeit rund 9 1/2 Stunden). Von Berlin über Leipzig, Jena, Nürnberg, Augsburg, München und Salzburg verkehrt der EC „Mimara“ nach Zagreb, in Ljubljana hat man Anschluss nach Rijeka und Pula. Eine andere Möglichkeit ist die Anreise über Villach und die italienischen Städte Udine und Triest.

Vom östlichen Österreich aus gibt es Verbindungen über Graz nach Ljubljana und Rijeka. Von der Schweiz führt der kürzeste Weg mit der Bahn über Mailand nach Triest.

Autofahrer aufgepasst!

Die gut ausgebaute Adriamagistrale, die von Rijeka aus die Küste entlang nach Süden führt, ist stark befahren; bei Regen und bei heftiger Bura ist äußerste Vorsicht geboten.

Mit dem Autobus

Linienbusse zur nördlichen Adria verkehren in der Saison von einigen deutschen und österreichischen Städten wie München, Villach, Klagenfurt und Graz aus. Auskünfte erteilt die Kroatische Zentrale für Tourismus (s. S. 93).

Reisen im Land

Mit dem Auto

Die meisten kroatischen Straßen sind in gutem Zustand. In Istrien gibt es eine teilweise fertig gestellte Schnellstraße von der slowenischen Grenze bei Portorož bis Pula. Auf den Inseln lassen die Straßenverhältnisse mancherorts zu wünschen übrig. Maut wird für den Učka-Tunnel in Istrien und für die Brücke auf die Insel Krk erhoben.

Autofähren verkehren zu den Inseln Cres/Lošinj, Krk und Rab: Brestova (istrische Ostküste) – Porozina (Cres), Valbiska (Krk) – Merag (Cres), Baška (Krk) – Lopar (Rab), Pula (Istrien) – Mali Lošinj (Lošinj; weiter zur Insel Silba und nach Zadar).

Mietwagen in unterschiedlichen Kategorien werden in größeren Städten, in Fremdenverkehrszentren sowie an Flughäfen zu den in Mitteleuropa üblichen Bedingungen und Preisen angeboten. Taxis stehen an gekennzeichneten Standplätzen sowie vor Hotels bereit, man kann sie auch telefonisch herbeirufen.

In Ortschaften besteht eine Geschwindigkeitsbeschränkung von 50 km/h, auf Landstraßen 80, auf den Nationalstraßen 100, auf Autobahnen 130 (mit Anhänger auf allen Straßen 80). Der erlaubte Grenzwert des Alkoholgehalts im Blut liegt bei 0,5 ‰. Die Versorgung mit Kraftstoff ist flächendeckend, bleifreies Benzin ist überall erhältlich. Es herrscht Gurtpflicht.

Bei Verkehrsunfällen muss auch bei Blechschäden ein polizeiliches Protokoll aufgenommen werden. Mit einem beschädigten Fahrzeug kann man die Grenze nur überschreiten, wenn man eine polizeiliche Bestätigung *(potvrda)* über den Unfall und die entstandenen Sachschäden vorweisen kann. Bei Personenschaden sollte man sofort die eigene Versicherungsgesellschaft verständigen. Mitglieder eines Autoklubs erhalten Auskunft und Hilfe beim kroatischen Automobilklub HAK (Hrvatski auto klub), der Tag und Nacht unter der Telefonnummer 987 zu erreichen ist. Autowerkstätten findet man in jedem größeren Ort.

Mit dem Autobus

Kroatien hat ein dichtes Linienbusnetz, die Busse sind meist bequem ausgestattet, die Preise verhältnismäßig niedrig. In größeren Städten und Ferienorten werden zahlreiche Ausflugsfahrten angeboten.

Unterwegs auf istrischen Straßen: in der Nähe von Buzet

Labin hat einen der modernsten Busbahnhöfe Istriens

Fährschiffe bringen Autos von Küste zu Küste, von Insel zu Insel

*Rijeka

Tipp Phantasievolle Kostüme und farbenprächtige Umzüge, Glitzer und Glimmer – der Internationale Karneval Rijeka im Februar/März macht Venedig Konkurrenz.

Kroatiens Tor zur Welt

Seite 35

Die zweitgrößte Hafenstadt der Adria nach dem dalmatinischen Split ist Kroatiens Tor zur Welt und Drehscheibe für den Verkehr zwischen Mitteleuropa und dem östlichen Adriaraum. Am Ufer stehen Prunkbauten aus der k. u. k. Zeit, dahinter breitet sich eine mit viel Sachkenntnis renovierte Altstadt aus und auf den Anhöhen darüber sind Hochhäuser hinaufgewachsen. Der Durchreisende mag Rijeka auf den ersten Blick nicht sehr anziehend finden, doch wenn er einen halben bis einen ganzen Tag investiert, taucht er ein ins geschäftige südländische Treiben.

Nach der Metropole Zagreb und dem dalmatinischen Split ist Rijeka (168 000 Einw.) Kroatiens drittgrößte Stadt. Hafenanlagen, Werften und Docks für Bau und Reparatur von Schiffen, Ölraffinerien und Fabriken säumen die Ufer in der Stadt und die Buchten der Umgebung, und auch das Hinterland ist von Industrie geprägt. Rijeka ist auch Universitätsstadt, hier gibt es eine Marineakademie, Theater, Museen, Galerien, Verlage und interessante kulturelle Veranstaltungen.

Von der Hafenstadt legen die wichtigsten Schiffslinien zu den adriatischen Küstenorten, zu den großen Häfen des Mittelmeers und nach Übersee ab. Die Engstelle Rijeka müssen alle Urlauber passieren, die nach Istrien, auf die Inseln oder weiter nach Dalmatien reisen wollen. Hier enden die Eisenbahnlinien aus Österreich über Slowenien und von Zagreb her, hier beginnt die 821 km lange Küstenstraße Adriamagistrale, die an der kroatischen Küste entlangführt. Rijekas Flughafen liegt auf der Insel Krk.

Geschichte

Unterhalb der liburnischen Festung Tarsata, dem heutigen Trsat, gründeten die Römer um 60 v. Chr. an der Flussmündung den Militärstützpunkt Tarsatica, der die Landverbindung von Aquileia nach Senia (Senj) schützen sollte.

Die kleine kroatische Siedlung um die Kirche des heiligen Veit kam im 13. Jh. in den Besitz der deutschen Grafen von Duino. 1468 fiel der inzwischen zur kleinen Stadt angewachsene Ort an die Habsburger. Als sich Wien und Budapest 1868 über die Machtverhältnisse in der Doppelmonarchie einigten, wurde es Bestandteil des Königreichs Ungarn: eine kroatische Stadt mit hauptsächlich italienischer Bevölkerung als ungarischer Hafen.

Rijekas Wiege

Der kroatische Name der Stadt bedeutet „Fluss", ebenso der italienische, Fiume. Im Mittelalter und noch später trug sie auch den deutschen Namen St. Veit am Pflaumb, nach dem Stadtheiligen und nach dem lateinischen Wort für Fluss, *flumen*. Denn die Mündung der Riječina, die nur 17 km hinter der Stadt als Karstquelle entspringt, war ein sicherer Hafen und damit die Wiege Rijekas.

Nach dem Frieden von Rapallo wurde es freie Stadt, im Jahr 1924 italienisch. Jugoslawien musste den Vorort Sušak östlich des Grenzflusses Riječina zum Seehafen ausbauen, während Fiume seines Hinterlandes beraubt verkümmerte. Im Zweiten Weltkrieg richteten alliierte Luftangriffe und abziehende deutsche Truppen schwere Zerstörungen an. Seit 1945 entwickelte sich das wieder vereinigte Rijeka zu einem der größten Seehäfen des Mittelmeers.

Vom * Stadthafen zum Jadranski trg

Rijekas Herz ist der *Stadthafen*. Hier legen die großen Autofähren und Fahrgastschiffe an, hier warten Ausflugsboote auf Touristen, hier sind Fischkutter, Lastkähne und Schlepper vertäut. Längs der Hafenstraße *Riva* mit ihren Prunkbauten aus der Gründerzeit und auf den Molen gibt es Parkmöglichkeiten für Autofahrer.

Am westlichen Ende öffnet sich der **Trg Žabica** ❶, der „Fröschleinplatz", mit dem Busbahnhof für den Überlandverkehr. Auf hohem Sockel erhebt sich hier die neugotische Kapuzinerkirche *Maria Lourdes* (1904–1929) mit ihrer ockerfarbenen, mit weißen Blendstreifen geschmückten Fassade. Nach Westen führt die verkehrsreiche Krešimirova ulica zum Bahnhof. Unweit des Žabica kommt man zum weiten *Jadranski trg* ❷, dem Adriaplatz mit dem

Eine geschäftige Stadt: Rijeka

Seite 35

❶ Trg Žabica
❷ Jadranski trg
❸ Stadtturm
❹ Mariä Himmelfahrt
❺ St. Veit
❻ Park Vladimir Nazor
❼ Historisches Museum
❽ Hauptmarkt
❾ Titov trg
❿ Sveta Marija Lauretanska
⓫ Festung Trsat

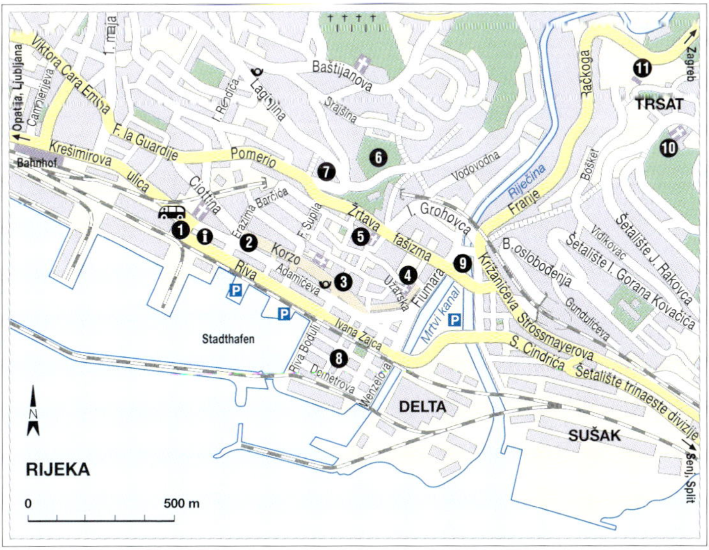

Hochhaus der Reiseagentur „Kvarner Express". Nach Osten hin zieht sich am Südrand der Altstadt der *Korzo* (Corso) entlang, Rijekas Fußgängerzone und Hauptgeschäftsstraße, auf dem am Spätnachmittag und am Abend geselliges, mediterranes Leben herrscht. Viele Häuser glänzen mit ihren renovierten Jugendstilfassaden.

Seite 35

Zur St.-Veit-Kirche

Links sieht man den kuppelbekrönten ***Stadtturm** *(Gradski toranj)* ❸. Im 15. Jh. erbaut und im 18. Jh. erneuert, stand er einst direkt am Meer und gewährte den einzigen Zugang von der Seeseite her. Über dem Tor prangen die Bildnisse der Kaiser Leopold I. und Karl VI., darüber der doppelköpfige Adler der Habsburger. Durch das Tor gelangt man auf den einstigen Hauptplatz, die Piazza, heute *Trg Ivana Koblera*, mit dem alten Rathaus aus dem 16. Jh. (später umgebaut). Daneben überspannt das Alte Stadttor *(Stara vrata)* aus römischer Zeit eine schmale Gasse. Von hier aus lohnt es sich durch die Altstadt zu streifen: Beim Wiederaufbau des im Zweiten Weltkrieg zerstörten alten Stadtkerns ist ein neues Viertel mit stillen Plätzen, gemütlichen Straßencafés und modernen Geschäften entstanden.

Vom Koblerplatz führt die schmale Geschäftsstraße *Užarska* zur ältesten Kirche Rijekas, **Mariä Himmelfahrt** *(Uznesenje Marije)* ❹. Die dreischiffige Basilika wurde im 13. Jh. auf den Ruinen römischer Thermen errichtet und im 17. und 18. Jh. barockisiert. Neben ihr ragt der Campanile von 1377 auf, der sich im Lauf der Zeit zum „schiefen Turm von Rijeka" geneigt hat.

Den Nordrand der Altstadt beherrscht die Jesuitenkirche **St. Veit** *(Sveti Vid)* ❺, heute als Kathedrale Sitz des Erzbischofs von Rijeka-Senj. Der barocke Rundbau entstand zwischen 1638 und 1742.

Coquetiren in Fiume

Überschwänglich und hingerissen von südlicher Lebensart und von „jungen Mädchen mit rabenschwarzem Haar und verzehrenden Glutaugen" schildert Rudolf Bergner in seinem 1888 erschienenen Reisehandbuch über Ungarn die Stadt Fiume, den „bedeutendsten Hafen der Stefanskrone", das heutige Rijeka.

„Am Abend, nachdem die Sonne ihre Kraft verloren, wird es in Fiume lebendig, allerorts öffnen sich Thüren und Fenster, manch' lieblicher Mädchenkopf schaut heraus, und es entwickelt sich am Hafenplatz ein buntbewegtes Treiben. Dann genießt der Fiumaner sein Dasein in vollen Zügen. Die Musik tönt weithin über das Meer und in die Straßen der mittelalterlichen Stadt hinein. Elegante Herren und Damen sitzen vor den Kaffeehäusern. Man lächelt, coquetirt, athmet in vollen Zügen die über das Meer leise daherfächelnde Brise, blickt zum Mond empor und betrachtet die heißblütigen Schönen mit elfenbeinerem Teint, rothem, zierlichen Mund und perlenähnlichen Zähnen".

Vom Vladimir-Nazor-Park zum *Hauptmarkt

Jenseits der *Ulica Žrtava fašizma* („Straße der Opfer des Faschismus") nördlich der Altstadt geht es zum *Park Vladimir Nazor* ❻, benannt nach einem kroatischen Dichter (1876–1949), mit dem *Naturwissenschaftlichen Museum* und dem *Staatsarchiv*. Letzteres ist in der ehemaligen Villa des Erzherzogs Joseph untergebracht, der sich nach einem Streit mit seinem kaiserlichen Bruder Franz Joseph I. im Jahr 1892 nach Rijeka zurückgezogen und als leidenschaftlicher Botaniker den Park begründet hatte.

Westlich davon steht das ***Historische und Marinemuseum** *(Pomorski i povi-*

Seite 35

jesni muzej hrvatskog primorja) ❼, 1896 als prunkvolle Residenz des ungarischen Statthalters erbaut. Es birgt beachtenswerte archäologische, ethnographische und kulturhistorische Sammlungen; besonders interessant ist die Schifffahrts-Abteilung (🕓 So–Fr 9 bis 14 Uhr, Sa 9–13 Uhr). Daneben befindet sich das *Stadtmuseum.*

Die Kapuzinerkirche Maria Lourdes

Drei elegante Hallen, Eisen- und Glaskonstruktionen vom Anfang des 20. Jhs. beherrschen den * **Hauptmarkt** *(Glavna tržnica)* ❽. Hier erlebt man jeden Morgen bis in die Mittagsstunden hinein lebhaftes Treiben und die Fülle südländischen Angebots an Gemüsen, Obst, Fleisch- und Milchprodukten sowie Meerestieren.

Nationaltheater und Fiumara-Platz

Im Marinemuseum residierte einst der ungarische Statthalter

In der Nähe hat das stattliche **Kroatische Nationaltheater** „Ivan Zajc“ *(Narodno kazalište)* am gleichnamigen Platz seinen Sitz. Es wurde in den Jahren 1883–1885 von den Wiener Architekten Fellner und Helmer erbaut, die auch in 53 weiteren europäischen Städten Theatergebäude errichteten.

Östlich der Altstadt erstreckt sich am Ufer des *Mrtvi kanal* („Toter Kanal“), der alten Mündung der Riječina, der **Fiumara-Platz**, gegenüber steht das monumentale Befreiungsdenkmal mit einer vier Meter hohen Bronzegruppe auf 19 m hohem Steinsockel.

In ** Trsat

Weihgaben dankbarer Gläubiger in der Wallfahrtskirche von Trsat

Beim *Titov trg (Titoplatz)* ❾ geht man über den Fluss in den Stadtteil Sušak und gelangt durch ein barockes Tor zum Treppenweg hinauf nach **Trsat.** Der erste Teil der Treppenanlage zur Wallfahrtskirche wurde 1531 vom Türkenfeind und Uskokenkapitän Petar Kružič aus Senj gestiftet und später auf

561 Stufen erweitert, die von Pilgern auf den Knien zurückgelegt werden (bequemer geht es auf einer Serpentinenstraße und mit dem städtischen Autobus vom Jelačićer tryans hinauf).

Seite 35

** Sveta Marija Lauretanska ⑩

Die Wallfahrtskirche *(Hl. Maria von Loreto)* steht oben im Stadtpark von Sušak, 135 m über dem Meer. Sie wurde 1433 vom Fürsten Martin Frankopan den Franziskanern gestiftet, 1824 erneuert und verdankt ihren Bau einer seltsamen Legende: Hierher brachten Engel im Jahr 1291 das „Haus der Maria" aus Nazareth, sie holten es aber 1294 wieder ab und schafften es über die Adria nach Loreto in Mittelitalien, wo die „Casa Santa" noch heute verehrt wird. Der historische Hintergrund besagt, dass 1291, als die Kreuzritter Palästina den Muslimen überlassen mussten, Angehörige des griechischen Adelsgeschlechts der Angeloi (daher die Engel) die Steine des vermeintlichen Marienhauses retteten und nach Europa brachten. Nach dem Verlust der Reliquie entschädigte Papst Urban V. die Trsater mit einem wundertätigen Marienbild, angeblich einem Werk des heiligen Lukas, das noch heute verehrt wird. In der * *Votivkapelle* sind viele rührend-naive Weihgaben von Kranken und Schiffbrüchigen zu sehen, Dank von Seeleuten aus der Umgebung für die Rettung aus Seenot.

** Festung Trsat ⑪

Weiter oben gelangt man zur Festung, einst illyrisches und römisches Kastell und Bollwerk der Frankopanen und der Grafen von Cilli. Die Ruinen ließ 1826 der österreichische Feldmarschall Laval Nugent, der aus Irland stammte, in einem malerischen Stilsammelsurium wieder aufbauen. Die Festung ist ein beliebtes Ausflugsziel mit einem kleinen Bistro. Von hier aus hat man eine großartige Aussicht auf den Kvarnergolf, die gegenüberliegende Küste Istriens mit dem Berg Učka und in die tiefe Schlucht der Riječina.

Turistički ured, Užarska 14, 51000 Rijeka, ☎ 051/213-145, FAX 333-909.

Flughafen auf der Insel Krk (30 km); nur Charterflüge; Autobusse der Croatia Airlines verkehren täglich von Rijeka zum Flughafen Zagreb (und umgekehrt). Auskunft beim Stadtbüro in Rijeka, Gat Karoline Riječke, ☎ 051/330-207, FAX 335-931.

Bahnhof Krešimirova ulica; Ljubljana (Villach, Salzburg, München; Graz, Wien), Zagreb.

Busbahnhof Trg Žabica; Verbindungen nach Istrien und zu den Inseln, nach Split, Zagreb, Ljubljana, Triest, Venedig, München, Graz, Wien.

Autofähren nach Rab, Dalmatien und Griechenland.

Bonavia, Dolac 4, ☎ 357-100, FAX 335-969. Zentral gelegenes, komplett renoviertes Komforthotel, viel von Geschäftsreisenden besucht. $$
Kontinental, A. Kačića Miošića 1, ☎ 372-008, FAX 372-009. Für Liebhaber alter Prachtbauten, im Stadtteil Sušak. $$

Kleine Restaurants, Bistros, Pizzerien, Stehbuffets und Cafés gibt es reichlich.
Zlatna školjka, Kružna 12, ☎ 213-782. In der „Goldenen Muschel" werden vor allem Fisch und Meeresfrüchte serviert. $$
Tri Palme, Ivana Zajca 24, ☎ 25-096. Unweit vom Hafen gelegen, internationale Gerichte und gute Fischspezialitäten. $$
Taverna Brun, Ribarska 5, ☎ 212-544. Ein rustikales Restaurant, ausgezeichnetes Fischrisotto und delikate Njoki mit Pilzen. $$
Pul Belega, Mihanovićeva 35, ☎ 216-382. Einfaches Restaurant mit gutbürgerlicher Küche und stets frischem Fisch. $
Bel Café, Jadranski trg, ☎ 214-428. Geschäftige, Junge und Schöne flirten an der Bar bis 2 Uhr morgens.

* Pula

Die Stadt des Kaisers Augustus

Von der Festung Trsat über Rijeka hat man eine großartige Aussicht

Seite 43

Schon in der Zeit des römischen Imperiums war das heutige Pula die größte Stadt Istriens. Oktavian, der spätere Kaiser Augustus, ließ hier einen Flottenstützpunkt errichten und verhalf der Siedlung damit zu strategischer Bedeutung. Ihm verdankt die Stadt ihren Aufstieg. Bei einem Bummel durch die lebendige Altstadt begegnet man den steinernen Zeugen aus der Römerzeit, die noch heute das Stadtgebiet beherrschen, vor allem das gewaltige Amphitheater, die Arena. Südlich der Stadt mit ihren Sehenswürdigkeiten aus dem Altertum hat sich der moderne Tourismus ausgebreitet: Das Feriengebiet von Pula umfasst romantische Buchten und Halbinseln bis hin zum letzten Leuchtturm Istriens auf der Klippe Porer.

Leben und Treiben in den Gassen gleich hinter dem Hafen von Pula

Pula, das in der Antika Pola hieß und auf italienisch auch heute noch so genannt wird, ist mit fast 70 000 Einwohnern nicht nur die größte Stadt Istriens, sondern auch die betriebsamste. Der Hafen und die Werft auf Uljanik, der Marinestützpunkt und eine Reihe von Fabriken, aber auch die Badestrände und Bettenburgen der Umgebung lassen die Wirtschaft der kulturellen Metropole Istriens florieren.

Geschichte

Archäologen fanden auf dem heutigen Kastellhügel Mauern aus der Bronzezeit, die auf eine Siedlung der Illyrer deuten. Die Bewohner von Pola trieben

Der Augustustempel war der Göttin Roma und dem Kaiser geweiht

regen Handel mit den Griechen, aber die wichtigere Stadt Südistriens war damals das benachbarte Nesactium. Erst als Oktavian im Jahr 40 v. Chr. die Ostküste der Adria für das Römerreich erobert hatte, erkannte er die günstige Lage des Hafens. Im Mittelalter kam der Niedergang und 1331 musste sich Pola den Venezianern unterwerfen. In den folgenden Jahrhunderten litt es unter Kriegen und Seuchen: Um die Mitte des 17. Jhs. sollen hier nur mehr 300 Menschen gelebt haben.

Seite 43

Österreichisches Erbe

Pula liegt an der Südspitze Istriens in einer tief eingeschnittenen Bucht, die sich nach Westen hin öffnet und von den Inseln Katarina, Andrija und Uljanik geschützt wird. Auf Uljanik errichteten die Österreicher ihre Schiffswerft und südlich der Altstadt das Marinearsenal mit Werkstätten, Waffenschmieden und Lagerhäusern.

Erst als Österreich nach dem Seesieg von 1866 über die italienische Flotte bei der dalmatinischen Insel Lissa (Vis) die Stadt zu einem großen Kriegshafen ausbaute, gewann sie wieder an Bedeutung.

1918 kam Pola zu Italien. Im Zweiten Weltkrieg erlitt die Stadt schwere Schäden durch Bombenangriffe. 1945 zogen jugoslawische Truppen ein und 1947 kam sie als Pula offiziell unter jugoslawische Verwaltung. Im neuen Kroatien verlor die weltoffene Stadt mit großer italienischer Minderheit und vielen Zuwanderern ihren Rang als Hauptstadt Istriens.

Die ** Arena

Pulas größte Sehenswürdigkeit, die **Arena ❶**, lag in der Antike und noch im 19. Jh. außerhalb des ummauerten Stadtgebiets unmittelbar am Meer. Heute ist sie von der Hafenbucht durch Straßen und Grünanlagen getrennt. Man nennt das riesige Amphitheater kurz „Arena", was im lateinischen Sand bedeutet: Auf der mit Sand bestreuten, elliptischen Fläche wurden die Gladiatoren- und Raubtierkämpfe abgehalten.

Geschichte

Die römische Verwaltung musste viel Geld und Mühe aufwenden, um den Einwohnern der wichtigen Hafen- und Garnisonsstadt zeitgemäße Unterhaltung in einem prächtigen Rahmen zu bieten. So entstand unter den Kaisern Augustus (31 v. Chr.-14. n. Chr.), Claudius (41–54) und Vespasian (69–79) das Amphitheater, das heute zu den sechs größten und zu den am besten erhaltenen antiken Kampfplätzen gehört. Das ovale Gebäude misst 133 mal 105 m und ist 33 m hoch. Auf den 30 Sitzreihen war Platz für 23 000 Zuschauer (das Kolosseum in Rom fasste 50 000). Um die Hanglage des Geländes auszugleichen, wurde das Amphitheater zum Meer hin in drei, auf der Landseite in zwei Stockwerken aufgeführt.

Das Innere ist weit weniger gut erhalten als die Umfassungsmauer, weil die Steine der Sitzreihen als Baumaterial begehrt waren. Schon 1260 musste der Patriarch von Aquileia den Plünderern mit hohen Geldstrafen drohen und 1458 erließ der Stadtrat von Pula ein neues Verbot.

Tipp Das Amphitheater wurde inzwischen soweit instand gesetzt, dass darin im Sommer Opernaufführungen, Konzerte, Filmfestivals und andere Veranstaltungen stattfinden können.

In den Kellerräumen hat man eine Ausstellung über Oliven- und Weinanbau im antiken Istrien eingerichtet (🕓 im Sommer tgl. 8–21 Uhr, im Winter tgl. 9–16 Uhr).

Das Amphitheater stand einst vor den Toren von Pula

In der Altstadt

Von der Arena geht man hinunter zur Hafenstraße *Riva* in Richtung Altstadt. Diese ist anders als die meisten römischen Kolonialgründungen – wie beispielsweise Poreč mit seinen sich rechtwinklig kreuzenden Straßen – angelegt; ihr Grundriss gleicht vielmehr einem Spinnennetz: Heute noch gehen die Gassen strahlenförmig vom Kastellhügel, dem römischen Kapitol, aus, der von zwei Ringstraßen umschlossen ist.

Seite 43

Zum * Augustustempel

An der Riva öffnet sich links der Platz *Strossmayerov trg,* benannt nach dem kroatischen Politiker Bischof Josip Juraj Strossmayer (1815–1905). Den Platz beherrscht die **Kathedrale Mariä Himmelfahrt** *(Katedrala uznesenje Marije)* ❷, erbaut im 15. Jh. an der Stelle eines römischen Jupitertempels und einer frühchristlichen Basilika. Die Fassade stammt aus dem 16. Jh., der schöne massive Glockenturm wurde erst im 17. Jh. angefügt.

Das ehemalige römische **Forum** ❸ ist noch heute ein repräsentativer Platz. Die Nordseite begrenzt das im 13. Jh. erbaute *Rathaus.* Es wurde an der Stelle eines Dianatempels errichtet, von dem nur noch die Rückfront steht. Gut erhalten ist dagegen der klassisch-elegante *** Augustustempel** *(Augustov hram)* westlich vom Rathaus aus dem ersten Jahrzehnt des 1. Jhs. Er war der Göttin Roma und dem ersten römischen Kaiser geweiht. Das kleine Heiligtum auf hohem Sockel besteht aus einer Vorhalle, die von sechs 8 m hohen Säulen mit korinthischen Kapitellen getragen wird, und der *Cella,* in der jetzt eine Sammlung römischer Skulpturen ausgestellt ist. Der Tempel diente im Mittelalter als Getreidespeicher und Kirche, blieb aber trotz mehrerer Umbauten und Brände gut erhalten. Am Ende des Zweiten Weltkriegs erlitt er bei einem Bombenangriff schwere Schäden, wurde aber schnell wieder restauriert (🕓 tgl. 10–20 Uhr).

Einen Logenplatz am alten römischen Forum mit dem besten Blick auf den eleganten Augustustempel bietet das **Caffe Diana,** in dem einheimische Künstler ihre Werke präsentieren. ($)

Zum * Triumphbogen der Sergier ❺

Am Südrand der Altstadt, gegenüber dem alten Marinearsenal, ist von der byzantinischen Basilika *St. Maria Formosa* ❹ aus dem 6. Jh. nur noch die interessante Grabkapelle zu sehen.

Geht man südöstlich um den Kastellhügel herum, kommt man zum prächtigen *** Triumphbogen der Sergier.** Dieser Ehrenbogen für drei Angehörige der Patrizierfamilie der Sergier wurde laut Inschrift von deren Schwester Salvia Postuma Sergi aus eigenem Vermögen gestiftet. Der Sergierbogen ist mit korinthischen Halbsäulen und schönen Reliefs geschmückt und gehörte einst zum Haupttor Porta Aurea, das 1829 abgerissen wurde. Wahrscheinlich stammt es aus der Zeit um 30 v. Chr.

Von den Giardini ❻ zur Kirche * Sveti Franjo ⓫

Entlang der Grünanlage *Giardini,* der „Gärten“, verlaufen die freigelegten und teilweise rekonstruierten Stadtmauern mit ihren Türmen zum *Herkulestor (Porta Herculea)* ❼, dem ältesten Stadttor aus der Mitte des ersten vorchristlichen Jahrhunderts, und weiter zur *Porta Gemina* ❽, dem „Doppeltor“ mit zwei zierlichen Bögen (um 150 n. Chr.). Am Hang dahinter ist in einem kleinen Park das *** Archäologische Museum Istriens** ❾ angesiedelt, das eine hervorragende Sammlung vorgeschichtlicher, römischer und frühmittelalterlicher Funde besitzt (🕓 Mai bis Sept. Mo–Sa 9–20 Uhr, So 10–15 Uhr; Okt. bis April Mo–Fr 9 bis 16 Uhr).

Überragt wird das historische Pula vom **Kastell** ❿, das die Venezianer an der Stelle des römischen Kapitols und einer mittelalterlichen Festung erbauten.

Vom Hügel herab öffnen sich sehr schöne Ausblicke auf die Stadt.

Am Westhang des Kastellhügels entdecken Freunde mittelalterlicher Kunst das Franziskanerkloster mit der Kirche * **Sveti Franjo**. Über dem verzierten Fassadenportal ist eine gotische Fensterrose zu bewundern. Der imposante Hallenbau aus dem Jahr 1314 enthält einen kostbaren Flügelaltar (15. Jh.) und eine holzgeschnitzte Madonna.

Marinefriedhof in Stoja

Eine besondere Erbschaft der österreichisch-ungarischen Zeit Pulas ist der *Marinefriedhof (Mornaričko spomen groblje)* über dem Hafen im Stadtteil Stoja. Hier wurden von 1862 bis zum Ende des Zweiten Weltkriegs Seeleute der k.u.k. Kriegsmarine, italienische und deutsche Soldaten unter hoch ragenden Zypressen beigesetzt.

Turistička zajednica, Laginjina 7, 52000 Pula, ☎ 052/212-987, FAX 211-855.

Flughafen 8 km nordöstlich bei Valtura; Direktflüge nach Zagreb, Charterflüge.

Bahnhof Ulica Vladimira Gortana (nördlich der Arena); Ljubljana, Triest.

Busbahnhof Mate Balote/Istarska; Rijeka, Zagreb, Ljubljana, Triest.

Autofähre nach Mali Lošinj und Zadar.

Riviera, Splitska ulica 1, ☎ 211-166, FAX 219-117. Renovierte Pracht der k. u. k. Zeit (1908) und damit bestes Stadthotel, angenehm und guter Service. ($)
Milan, Ulica Stoja 4, ☎ 210-200, FAX 210-500. Kleines sympathisches Hotel am Rand der Innenstadt mit feinem Restaurant. ($)

Der Triumphbogen der Sergier ist Zeugnis des römischen Pula

Seite 43

1. Arena
2. Kathedrale
3. Forum
4. St. Maria Formosa
5. Triumphbogen der Sergier
6. Giardini
7. Herkulestor
8. Porta Gemina
9. Archäologisches Museum
10. Kastell
11. Sveti Franjo

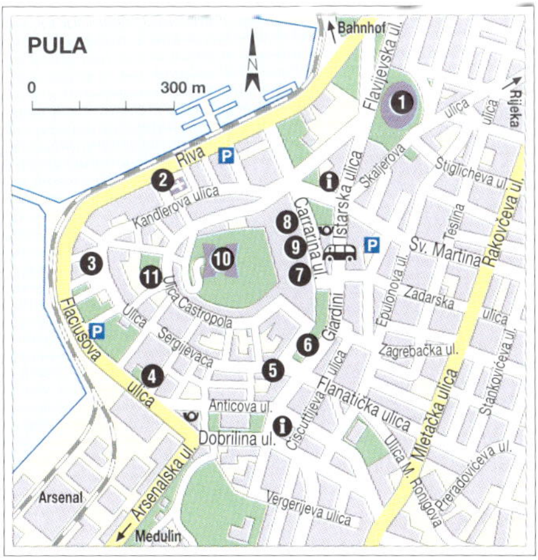

Kleine Restaurants, Bistros, Pizzerien und Stehbuffets gibt es in der Altstadt.
Bodulka, Šišan (6,5 km südöstlich von Pula, 4 km nordöstlich von Medulin), ☏ 574-704. Feinschmeckerlokal mit vorwiegend einfachen ländlichen istrischen Gerichten. Gute Weine ($$)
Delfin, Kandlerova 17, ☏ 22-289. Gehobenes Restaurant mit Garten bei der Kathedrale. ($)

Seite 43

Feriengebiet Pula

Südlich der Stadt Pula, wo die Halbinsel Istrien in einer Landspitze ausläuft, ist ein ausgedehntes Feriengebiet entstanden. Die Küste hat so viele Buchten, dass sich eine Uferlänge von 190 km ergibt. Längst haben sich die Fischerdörfer auf den Tourismusbetrieb umgestellt: In Hotels, Ferienanlagen, Privatzimmern und auf Campingplätzen finden nach offiziellen Angaben rund 50 000 Gäste auf einmal Platz. Die Landschaft ist flach und mit Strandkiefernwäldern bedeckt, die Strände meist felsig und in manchen Buchten kiesig.

Die Burg der Riesen

Die Leute vom Land, die vor den Toren des mittelalterlichen Pula das riesenhafte Amphitheater bestaunten, wussten nichts von den Römern, die es Jahrhunderte vorher erbaut hatten. Wer sonst als Riesen wäre dazu fähig gewesen, ein derart gigantisches Wunderwerk zu schaffen! Die Menschen nannten es Divičgrad, die Burg der Riesen, und in ihrer Phantasie malten sie sich aus, wie Giganten die gewaltigen Steinblöcke aus ganz Istrien herbeischleppten und in einer einzigen Nacht Stein auf Stein aufeinander türmten. Das Riesenwerk blieb jedoch ohne Dach, weil im Morgengrauen der Hahn krähte und die erschrockenen Bauleute in alle Richtungen davonliefen.

Lokale Autobuslinien verbinden Pula mit den Halbinseln **Stoja** und **Verudela** mit Campingplätzen, Hotels und Appartements sowie der Ferienanlage *Ribarska koliba* („Fischerhütte“).

Die südlichste Siedlung Istriens ist das Dorf **Premantura** (12 km von Pula) auf der gleichnamigen Halbinsel, die im Kap Kamenjak mit besonders schönen Stränden ausläuft. Auf einem Felseneiland steht der 1846 erbaute, 35 m hohe **Leuchtturm Porer**. Weit draußen blinkt nachts das rote Licht von der Klippe Albanež, danach dehnt sich die weite Wasserfläche der offenen Adria nach Süden hin aus.

Tipp Wenn die letzten Strahlen der untergehenden Sonne aufs wildromantische Kap Kamenjak an der Südspitze Istriens fallen, dann ist das ein Naturerlebnis von fast überirdischer Dimension.

Im Südosten der pulesischen Ferienlandschaft öffnet sich die tief eingeschnittene Bucht von **Medulin**. In ihrem innersten Winkel liegt das Dörfchen **Pomer**. Auch an den Ufern dieser Bucht reihen sich Hotels und Campingplätze aneinander; die flachen Strände sind ideal für Kinder, und ein großes Angebot von Freizeit- und Sportmöglichkeiten sorgt dafür, dass keine Langeweile aufkommen kann.

Histria, ☏ 34-777, FAX 214-175. Spitzenhotel auf der Halbinsel Verudela mit großem Freizeitangebot. ($$)
Belvedere, ☏ 576-617, FAX 576-629. Hotelkomplex am Strand von Medulin; beliebt bei Sportfreunden. ($)

△ **Kažela,** ☏ 576-050. Großzügiger FKK-Platz an einem schönen Strandabschnitt, in der Nähe von Medulin gelegen.

Valsabbion, Rt Kamenjak, Pješčana urala, ☏ 222-991. Bei Beefsteak mit Pinienkernen und Seeteufel in Kapernsauce schwebt man im siebten kulinarischen Himmel. ($$)

Route 1

Istriens Ostküste

*Opatija – Brestova (– Insel *Cres) – Plomin – **Labin – *Pula (90 km)

Vom eleganten Seebad Opatija an der nördlichsten Ecke des Kvarnergolfs aus führt die Ostküstenroute die „Riviera von Opatija" entlang, an der Fischerdörfer, Hotels, Villen, üppige Gärten und Parkanlagen zu einem attraktiven Feriengebiet zusammengewachsen sind. Die landschaftlich reizvolle Strecke wartet mit immer neuen Ausblicken auf die großen und kleinen Inseln des Golfs auf, verläuft über uralte Bergstädtchen und durchquert fruchtbares Hügelland, bevor sie die Römerstadt Pula und die Südspitze Istriens erreicht. Für diese Tour sollte man sich mindestens einen Tag Zeit nehmen.

Tipp Die Sehenswürdigkeiten auf der Anreise nach Opatija sind in den Polyglott-Reiseführern „Slowenien" (Ljubljana, Postojna) und „Venetien/Friaul" (Triest) beschrieben.

*Opatija

Der meistbesuchte Badeort am Kvarnergolf verdankt seinen Namen einer um 1400 gegründeten Benediktinerabtei. Um das Kloster herum entstand ein kleines Dorf, das ab 1844 mit dem Bau der Villa Angiolina zum Badeort der Reichen und Schönen wurde. Nach dem Zweiten Weltkrieg wurde Opatija den Bedürfnissen des modernen Tourismus angepasst; neue Hotels entstanden, alte Prachtbauten wurden renoviert und modernisiert.

Den Kern Opatijas (13 500 Einw.) bilden die **Villa Angiolina**, die älteste Villa der Riviera, und der herrliche Park, der sie

Badeort mit Tradition: Opatija

Wahrzeichen von Opatija: die Bronzeplastik „Gruß ans Meer"

Einen prachtvollen Anblick bietet die Villa Angiolina

1

Seite 49

1

Seite 49

umgibt. Das Ufer schmückt eine Bronzestatue mit dem poetischen Namen „Gruß ans Meer". Sie stellt eine 1956 entworfene Nymphe dar, die eine Möwe füttert. Um den Park und am Lungomare entlang reihen sich die ehemals hochherrschaftlichen Villen und feinen Hotels aneinander, viele in in frischen Farben und restaurierter Pracht.

** Riviera von Opatija

Die Riviera beginnt an der nördlichsten Bucht des Golfs von Rijeka und des Kvarner, Preluk, und zieht am Fuß des Učkagebirges nach Mošćenička Draga. Von den Ausläufern der Učka vor kalten Winden geschützt, gedeiht hier üppige Vegetation wie Lorbeer, Mimosen, Oleander und sogar Palmen und Magnolien. Der 12 km lange Uferweg Lungomare beginnt im alten Fischerdorf Volosko und endet in Lovran.

Natürlich ist nicht nur für die Erholung, sondern auch für die Unterhaltung der Gäste reichlich gesorgt: Opernaufführungen auf der Freilichtbühne, Konzerte, Musical, Ballett, Folklore und allerlei Shows, Diskos sowie ein Spielkasino im „Grand Hotel Adriatic" werben um die Gunst der Nachtschwärmer.

Das Angebot an Restaurants, Cafés, Bars und Geschäften (besonders an der Hauptstraße Maršala Tita) lässt nichts zu wünschen übrig. Das Badeleben spielt sich zumeist auf betonierten Plattformen ab, der Hauptstrand **Slatina** ist mit Sand aufgefüllt. Bessere Badebuchten findet man südlich von Opatija.

i Turistička zajednica, Nikole Tesle 2, 51410 Opatija, ☎ 051/271-710, Fax 271-699.

Bahnhof in Matulji; Ljubljana, München, Wien.

Rijeka, Pula, Ljubljana, Zagreb.

Hotels, Pensionen und Ferienwohnungen, Privatzimmer in alten und neuen Villen gibt es reichlich, in der Hochsaison kann es aber zu Engpässen kommen.

Ambasador, Peršićeva 1, ☎ 271-211, Fax 271-772. Modernes Luxushotel am Strand mit allem Komfort. $$

W. A. Mozart, Maršala Tita 138, ☎ 271-877, Fax 271-739. Ein kleines, feines Hotel aus der Zeit um die Jahrhundertwende mit altösterreichischer Atmosphäre. $$

Kvarner-Amalia, Park Angiolina, ☎ 271-233, Fax 271-202. Gäste mit einem Faible für nostalgischen k. u. k.-Charme sind im ältesten Hotel von Opatija bestens aufgehoben. Märchenhafte Terrasse mit Meerblick. $$

Opatija, Gortanov trg 2/1, ☎ 271-388, Fax 271-317. Das klassizistische Haus liegt am Hang über dem Stadtzentrum, schöner Garten. $$

Ika, Primorska 16, 51414 Ika, ☎ 291-777, Fax 292-044. Das privat geführte Hotel in Ika überzeugt durch aufmerksamen Service und gute Küche; durch die Straße allerdings etwas laut. $$

Residenz, M. Tita 205, ☎ 271-399, Fax 271-225. Einfaches Haus mit eigenem Strand, an der Hauptstraße. $

Plavi podrum, Volosko, am Hafen, ☎ 271-629. Edles Restaurant mit edlen Fischen. $$

Amfora, Volosko, ☎ 271-693. Feine Fischspezialitäten. $$

Reste fidele, Ulica A. Mikića, ☎ 711-907. Versteckt gelegen, freundliches Lokal mit guter Küche. $$

* Kastav

Zu dem mittelalterlichen, mauerbewehrten Städtchen (378 m) fährt man von Matulji bergaufwärts (2 km). Enge Gässchen führen zum Lokvina-Platz mit einer Zisterne. Eine Inschrift berichtet, dass 1666 hier der Kapitän (Stadtvogt) Morelli ertränkt wurde,

1

Seite 49

weil er ungesetzliche Steuern eingetrieben hatte. Vor der Barockkirche *Sveta Jelena* (St. Helena) mit dem Panorama der Kvarnerinseln wird das Volksfest Bela nedeja („Weißer Sonntag“) mit jungem Wein gefeiert (s. S. 23).

* Vojak

Den Učkagipfel Vojak (1396 m) erreicht man ebenfalls über Matulji und das Dorf *Veprinac* (519 m) mit Kastell, Kirche und Loggia, dann über den Poklonsattel (992 m) zum Fernsehturm auf den Vojak. Hier breitet sich das spektakulärste Panorama der ganzen Adriaküste aus: Von den Julischen Alpen im Norden schweift der Blick über Kvarner und Velebit, und im Westen und Süden erstreckt sich wie auf einer Reliefkarte ganz Istrien.

Dopolavoro, am Poklonsattel, ☏ 051/299-641. Gemütliche Atmosphäre; Wildschweinbraten. ($)

Von exotischen Gewächsen umgeben ist das Denkmal für Friedrich Schüler in Opatija

Kaiser und Könige in Abbazia

In Rijeka, dem damaligen Fiume, war der Reeder Iginio Ritter von Scarpa zu Wohlstand gekommen; als Standort für sein Traumhaus wählte er aber das nahe gelegene Küstendörfchen Abbazia mit seinem winters wie sommers milden Klima. In unmittelbarer Nähe des Klosters ließ Scarpa die prachtvolle Villa Angiolina errichten, benannte sie nach seiner Frau und legte einen Park an, der heute mit seinen Kamelien und Magnolien, Mammutbäumen und Zedern als Kurpark genutzt wird. Schon bald avancierte das verschlafene Dorf mit seiner Abtei zum Modebad der eleganten Welt: Im Jahre 1887 erhielt Abbazia mit der Station Mattuglie (Matulji) den Bahnanschluss, und der Wiener Südbahndirektor Friedrich Schüler eröffnete zehn Jahre später das erste Grand Hotel, das „Quarnero“ (heute „Kvarner“).

Der österreichische und ungarische Adel baute sich Villen, Kaiser und Könige, Künstler und Literaten, Industrielle und Millionäre, Hochstapler und Spieler kamen zuhauf. Unter anderen Berühmtheiten schätzten die Komponisten Franz Lehár und Emmerich Kálmán, der russische Dichter Anton Tschechow und der steirische Dichter Peter Rosegger das milde Klima und das gesellschaftliche Leben Abbazias. Unter den gekrönten Häuptern, die dem Modebad ihre Gunst schenkten, waren unter anderem Franz Joseph I., Kaiser von Österreich und König von Ungarn, Kaiserin Maria Anna (Witwe des österreichischen Kaisers Ferdinand I.), Wilhelm II., deutscher Kaiser, und Kaiserin Auguste Viktoria; die Könige Ferdinand von Bulgarien, Georg von Griechenland, Umberto I. und Viktor Emanuel III. von Italien.

1

Seite 49

Nach * Lovran

Von Opatija gelangt man auf der Küstenstraße E 751 über *Ičići* nach Veprinac (s. S. 47). Weiter auf der E 751 oder zu Fuß auf einem besonders reizvollen Stück des Lungomare erreicht man *Ika* mit hübschen Kiesbuchten.

In * **Lovran** endet die 12 km lange Uferpromenade. Der Altstadtkern mit schönen Häusern aus dem 17. und 18. Jh. ist noch gut erhalten,

Turistička zajednica, Maršala Tita 63, 51415 Lovran, ☎ 051/292-529 FAX 051/291-740.

Excelsior, Maršala Tita 15, ☎ 292-233, FAX 291-989. Modernes Komforthotel am Meer. Hallenbad, Swimmingpool. ($$$)
Lovranske vile, Buchung über ☎ 712-571, www.lovranske-vile.com, E-mail: lovranske.vile@ri.tel.hr. Luxuswohnungen in zwei historischen Villen an der Uferpromenade im Ortszentrum, idyllischer Garten, Treppen zum Meer, Reinigungsdienst – eine romantische Unterkunft, die allerdings einen stolzen Preis hat. ($$$)
Bristol, Maršala Tita 27, ☎ 291-022, FAX 292-049. Gut geführtes historisches Haus mit Tauchschule. ($$)

Lovranska vrata, Stari grad 94, ☎ 291-050. Traditionelles Lokal in der Altstadt. ($)
Najade, Lovran, Šet. Maršala Tita 69, ☎ 291-866. Eines der Topp-Restaurants Kroatiens – Fisch und Meeresfrüchte sind Spitze. ($$$)

Tipp Auf einem steilen Fußweg gelangt man in 5 Stunden auf den **Učkagipfel Vojak** (s. S. 47). Ende Oktober wird hier das »Marunda-Fest« gefeiert. ($$$)

Von Medveja nach Plomin

Südlich folgt **Medveja** mit angenehmen flachen Kieselstränden mit Föhren und Kiefern.

Camping Medveja, ☎ 051/291-191, FAX 292-471. Hinter dem Hauptstrand.

Mošćenička Draga, 16 km, ist die letzte Siedlung der „Riviera von Opatija". Der einstige Fischerhafen des weiter oben gelegenen Städtchens Mošćenice ist wegen seines flachen Strands beliebt.

Turistička zajednica, 51417 Mošćenička Draga, ☎ 051/737-533, FAX 737-584.

Marina, ☎ FAX 737-504. Komfortables Strandhotel mit Pool. ($$)
Mediteran, ☎ 737-622, FAX 737-538. Ebenfalls ein modernes Strandhotel unmittelbar neben „Marina". ($$)

Autocamp Mošćenička Draga, ☎ FAX 737-523. Unterhalb der Küstenstraße, schattige Terrassen.

Benito, Stari grad, ☎ 737-502. Schöne Terrasse, gute Fischgerichte. ($$)

Eine Bergstraße führt vom neuen Mošćenička Draga hinauf zu dem 173 m über dem Meer gelegenen alten * **Mošćenice**. Das Städtchen (325 Einw.) ist wegen seiner malerischen Lage ein reizvolles Ausflugsziel. Eine pittoreske Ölmühle und ein liebevoll gestaltetes Stadtmuseum (geöffnet auf Anfrage) informieren über Trachten und Handwerk der Region.

Perun, ☎ 051/737-515. Von der Terrasse des Restaurants (auch Pension) überblickt man die Inseln Cres und Krk. ($)

Die Küstenstraße verläuft meistens hoch über dem Meer und bietet immer neue, herrliche Ausblicke auf die Inseln. Kurz nach *Brseč* zweigt eine Stichstraße (3 km) hinunter zur Bucht *Brestova* ab, dem Ablegehafen der Autofähre nach Porozina auf Cres.

Am * *Kap Mašnjak* biegt die Straße über der Bucht Plominski kanal jäh nach Nordwesten ab zu dem auf einem Hügel gelegenen *Plomin* (39 km), einer uralten illyrisch-römischen Siedlung.

Monfalcone
Podnanos
Postojna
Dutovlje
ITALIEN
SLOWENIEN
Sežana
Pivka
Golf
von
Triest
Divača
Triest
Škocjan
804
Reka
Ribnica
Knežak
Kozina
Muggia
Prem
Ilirska
Bistrica
BRKINI
Slavnik
1028
Obrov
Koper
Izola
Dekani
ĆIĆARIJA
Piran
Portorož
Savudrija
Rupa
Bašanija
Secovlje
Šapjane
Katoro
Stella Maris
Kaldanija
KROATIEN
Umag
Buje
Buzet
Mučići
Juricani
1272
Planik
Alpe Grande
Pelegrin
Oprtalj
Roč
Matulji
Grožnjan
Istarske
Toplice
Lupoglav
Lovrečica
Brtoniglia
Veprinac
Opatija
Hum
Dajla
Mirna
Motovun
Vranja
Ičići
Vižinada
Ika
Novigrad
Istrien
Vojak
1396
Lovran
Lanterna
Tar
Učka
Červar-
Porat
Cerovlje
Medveja
Višnjan
Beram
Šušnjevica
Mošće-
nička
Draga
Nova Vas
Pazin
Mošćenice
Poreč
Lindar
Sveti
Nikola
Tinjan
Gračišće
Pićan
Baderna
Plava Laguna
Brseč
Šumber
Funtana
Sv.
Lovreč
Sv. Petar
u Šumi
Vozilići
Brestova
Porozina
Žminj
Raša
Vrsar
Plomin
Rt
Mašnjak
Limska draga
Kanfanar
Labin
Cres
Brajkovići
Svetvinčenat
Raša
Rabac
Petehi
Rovinj
Barban
Nationalpark
Muntrav
Oštri
538
Bale
Rakalj
Koromačno
ADRIATISCHES
Vodnjan
Galižana
Marčana
Fažana
Brioni-
Inseln
Nesactium
Valtura
Nationalpark
Brioni-Inseln
Pula
Šišan
N
MEER
Medulin
ROUTEN 1 BIS 4
Premantura
0
10 km
Mali Lošinj

1

Seite 49

**Labin

Die E 751 wendet sich nach Südwesten. Man fährt durch fruchtbares Land und erblickt schon von weitem die Altstadt von Labin (48 km; 9000 Einw.) auf einem 320 m hohen Hügel über der Bucht von Rabac.

Vom Hauptplatz in der Unterstadt geht es durch das Tor **St. Florian** *(Sveti Flor)* hinauf in die eigentliche Altstadt, vorbei am barocken ***Palazzo Battiala-Lazzarini** (18. Jh) mit einem interessanten *Bergwerksmuseum.* Neben historischem Gerät enthält das Museum auch archäologische Funde aus der Region (🕓 tgl. 8–15 Uhr, im Sommer bis 20 Uhr).

Tipp Helmbewehrt und gebückt geht's durch das Bergwerk im Keller des Palazzo Battiala-Lazzarini – ein Spaß für Jung und Alt.

Durch gewundene Gassen mit Treppenfluchten führt der Weg weiter zur Pfarrkirche **Sveta Marija od zdravlja** (St. Maria von der Gesundheit; 14./15. Jh.), zum gotischen ***Prätorenpalast** (15. Jh.) und zur **Loggia** (16. Jh.). Von ganz oben bietet sich wieder ein phantastischer Blick auf den Golf und seine Inseln.

i Turistička zajednica, Aldo Negri 20, 52220 Labin, ☎ 📠 052/855-560.

Velo Kafe, Titov trg, ☎ 872-189. Gemütliches istrisches Kellerlokal am Hauptplatz, darüber ein Café. (\$)

Von Rabac nach Nesactium

Von Labin zweigt eine Stichstraße (5 km) hinunter zur Küste nach **Rabac,** das sich dank geschützter Lage, schönen Stränden und dichten Wäldern aus Strandkiefern zu einem attraktiven Badeort entwickelt hat. In der einstigen Hafenbucht von Labin und auf dem Kap Sveti Andrija gibt es zahlreiche Hotels, Privatzimmer und Restaurants.

⚠ **Oliva,** 51421 Rabac, ☎ 052/872-258, 📠 872-561. Schöner Platz in einem Olivenhain am Strand.

Südlich von Labin erstreckt sich die noch sehr ursprüngliche Halbinsel *Koromačno.* Eine Straße (16,5 km) führt zum gleichnamigen Ort.

⚠ **Autocamp Tunarica,** 52220 Labin, ☎ 052/851-653, 📠 853-127. Im Süden der Halbinsel an einer Bucht der Rašamündung, gut beschattet.
Camping Marina, 52220 Labin, ☎ 052/879-058, 📠 872-561. Im Osten der Insel am Kap Sveta Marina mit Felsenküste und Kiesstränden.

Von Labin senkt sich die E 751 nach Südwesten ins Tal des einzigen größeren Flusses Ostistriens, der *Raša.* Ihre Quellbäche entspringen westlich des Učkamassivs. Die Straße überquert die Bahnlinie, die dem Kohletransport zum kleinen Hafen Brsica dient, und führt in einer Schleife um ***Barban** (62 km) herum. Im Mittelpunkt des Dorfes (250 Einw.) mit seiner erstaunlich gut erhaltenen mittelalterlichen Bausubstanz stehen die Kirche *Sveti Nikola* (1770) und der *Palazzo Loredan* (1606), ehemals Sitz der wohlhabenden Familie Loredan, die ganz Barban 1535 vom venezianischen Staat erworben hatte.

Fast schnurgerade durchquert die Straße nun fruchtbares Land, führt an Dörfern vorbei, erreicht *Marčana,* 75 km, und die Abzweigung zum Flughafen von Pula. Folgt man der Straße nach Nordosten, kommt man nach *Valtura,* wo die Ruinen der illyrisch-römischen Siedlung *Nesactium* liegen. Auf der E 751 sind es noch wenige Kilometer bis ***Pula** (90 km; s. S. 39).

Ritterspiele von Barban

Am dritten Sonntag im August (allerdings nicht jedes Jahr) wird in Barban ein Ritterspiel abgehalten, bei dem die Reiter nach einem Ring stechen müssen.

Route 2

Im Land des geflügelten Löwen

*Triest – **Piran – *Buje (– Umag) – Vižinada (– **Poreč) – Brajkovići (– **Rovinj) – *Pula (122 km)

Von der italienischen Hafenstadt Triest aus verläuft die E 751 landeinwärts durch das hügelige Westistrien mit Dörfern und Städten, die von den Jahrhunderten verwittert sind, nach Süden. Abzweigungen führen zu den einst von Venedig beherrschten Küstenorten Umag, Poreč und Rovinj und zu ihren Feriengebieten mit schattigen, von Kiefernwäldern gesäumten Badestränden. Von Sehenswürdigkeit zu Sehenswürdigkeit bummelnd, sollte man bis Pula drei bis vier Tage einplanen.

Über dem Stadttor Sveti Flor von Labin: Venedigs geflügelter Löwe

2

Seite 49

Die Loggia am Hauptplatz von Koper in venezianischer Gotik

Von *Triest nach *Buje

Das Tor nach Istrien von Westen her ist ***Triest** (ital. *Trieste*, slowen. und kroat. *Trst*), der nördlichste Hafen der Adria (300 000 Einw.). Von 1382 bis 1918 österreichisch, wurde Triest als Freihafen zur „Stadt der drei Kulturen": der italienischen, der deutschen und der slawischen. Seine Sehenswürdigkeiten sind unbedingt einen Besuch wert (siehe Polyglott-Reiseführer „Venetien/Friaul").

Kurz hinter Triest (14 km) kommt man auf der E 751 zur italienisch-slowenischen Grenze. Der Hauptort des slowenischen Istrien, **Koper/Capodistria*, ist eine kleine Industrie- und Hafenstadt (24 700 Einw.) mit einem schönen und lebhaften

Auf einer Treppe mit 745 Stufen gelangt man nach Mošćenice

Seite 49

Stadtkern aus venezianischer Zeit. Das Städtchen *Izola/Isola* mit seinen reizvollen alten Palazzi in venezianischer Gotik und im Rokokostil ist auf einer Insel entstanden.

Kostbarkeiten aus venezianischer Zeit birgt auch ** *Piran/Pirano*, das sich auf einer spitzen Landzunge erstreckt und von der Georgskirche mit ihrem Campanile überragt wird, einer Kopie des weltberühmten Glockenturms der Mutterstadt. Gleich um die Ecke liegt das Seebad * *Portorož/Portorose*.

Mit der Bimmelbahn

Ganz gemütlich wird man mit dem bunten Bimmelbähnchen von Umag aus am Meer entlang bis Katoro kutschiert.

Nach dem Grenzübergang vom slowenischen zum kroatischen Istrien in *Sečovlje*, 39 km von Triest, fährt man über den Grenzfluss *Dragonja* und erreicht auf kroatischem Gebiet *Plovanija*, wo eine Straße nach Westen zum Badeort *Savudrija/Salvore* (11 km) und nach Umag abzweigt. Savudrija ist die am weitesten westlich gelegene Siedlung Istriens und damit der ganzen Balkanhalbinsel. Auf der äußersten Klippe ragt der 1826 erbaute Leuchtturm empor; mit 36 m ist er einer der höchsten an den Küsten der Adria.

* Buje/Buie

Das Städtchen (3200 Einw.; 48 km) ist heute ein beliebtes Ausflugsziel der Urlauber aus dem nahen Umag.

Den Hauptplatz beherrscht die Barockkirche **Sveti Servul.** In den Gassen findet man einige bescheidene Palazzi, die meisten Häuser des Landstädtchens sind nach dörflicher Bauweise mit Keller und Stall im Erdgeschoss ausgestattet. Stimmungsvoll ist der Friedhof mit der von Zypressen umgebenen kleinen Kirche **Sveti Martin;** von hier aus sieht man weit ins istrische Land hinein.

Tipp Die Umgebung von Buje, die Bujština, ist ein Land voller Rebstöcke; deshalb hat die Weinbauerngenossenschaft eine Route zusammengestellt, die *Vinska cesta Bujštine*, die von Buje aus zu den Weingütern von Brtoniglia, Nova Vas, Grožnjan und Momjan führt. Ende September wird in Buje die *Festa dell'uva*, das Fest der Weintraube, gefeiert (s. S. 23).

Umag/Umago

Unter dem Hügel von Buje zweigt von der E 571 eine Straße zur Küste und nach Umag (4800 Einw; 13 km) ab. In der Altstadt auf einer schmalen Landzunge scharen sich einige schöne alte Häuser um die barocke Pfarrkirche **Mariä Himmelfahrt und St. Pelagius** *(Uznesenje Blažene Djevice Marije i Sveti Pelegrin)* von 1757. Die Bucht birgt einen Jachthafen.

Turistička zajednica, Obala Maršala Tita 3/II (am Hafen), 52470 Umag, ☎ 052/741-363, FAX 741-649.

Kristal, Obala M. Tita, ☎ 700-000, FAX 700-499. Der Klotz an der Mole entstellt zwar das Bild der Altstadt, ist aber dennoch ein brauchbares Stadt- und Ferienhotel. ($)

Dante, Ulica Dante Alighieri 20, ☎ 752-917. Feine italienische und istrische Küche. ($)

San Marco, Riječka 25, ☎ 751-039. Gutes Fischrestaurant in der Altstadt. ($)

Feriengebiet Umag / Novigrad

Vom Kap Savudrija unweit der slowenischen Grenze erstreckt sich dieses Badeparadies bis zur Mündung des Flusses Mirna bei Novigrad. Pinien und Kiefern säumen die grauweiße Felsküste, an den Stränden liegen Bungalowsiedlungen, Campingplätze, FKK-Anlagen und Hotels. Die nördlichste Ferienanlage Kanegra liegt an der Bucht von Piran, es folgen Savudrija, Katoro, Stella Maris und Punta. Südlich von Umag reihen sich Pelegrin/San Pelegrino, Lovrečica/San Lorenzo und Dajla aneinander; den Schlusspunkt bildet Novigrad.

Über Piran erhebt sich die Kirche St. Georg mit ihrem Campanile

2

Seite 49

Aktivurlauber finden ein vielfältiges Freizeitangebot: Schnorcheln, surfen, Wasserski oder Tretboot fahren; Freunde des weißen Sports sind auf dem Center Court in der Anlage Stella Maris gut aufgehoben; hier werden alljährlich die Croatia Open ausgetragen.

Kinder amüsieren sich beim Minigolf oder im Vergnügungspark „Za Za" mit Riesenrutsche (Katoro). Für Nachtschwärmer gibt es Diskotheken und ein Spielkasino (Halbinsel Punta).

Sol Stella Maris, Savudrijska cesta bb, ☎ 710-000, FAX 710-999. Renoviertes Strandhotel mit vielfältigstem Freizeitangebot. $
Aurora, ☎ 741-346, FAX 741-346. In Katoro; einfaches, aber sehr schön im Grünen gelegenes Haus am Strand. $
Istra, Katoro, ☎ 741-287, FAX 741-185. Einfaches, aber gutes Haus. $

Kanegra, ☎ 732-106, FAX 732-212. FKK-Platz in idyllischer Lage.
Ladin Gaj, ☎ 756-303, FAX 756-230. Gut ausgestatteter Campingplatz südlich von Umag, FKK-Abschnitt.

Barocke Pracht: das Portal von Sveti Servul in Buje

Bruno, Bašanija bei Savudrija, ☎ 759-592. Auf Meeresfrüchte spezialisiert. $
Konoba Buščina, Marija na Krasu, Buščina 18, ☎ 732-088. Die gemütliche Gastwirtschaft serviert hervorragenden Lammbraten und im Herbst auch Gerichte mit Trüffeln. $

Novigrad/Cittànova

Der Ort (2500 Einw.) schließt das Feriengebiet im Süden ab. Die einstige Inselsiedlung wurde im 18. Jh. mit dem

Relaxen am Strand von Stella Maris in Umag

2
Seite 49

Festland verbunden. Der Stadtkern ist noch fast vollständig von einer zinnenbewehrten Mauer umgeben. Schmuckstück des Hauptplatzes *Veliki trg/Piazza grande* ist die ehemalige Kathedrale *St. Pelagius*, eine barockisierte romanische Basilika mit einer romanischen Krypta. Der alte Stadthafen *Mandrać* dient jetzt als Jachthafen.

Turistička zajednica, Porporella 1, 52466 Novigrad, ☎ 052/757-075, 📠 758-011.

Cittar, Ulica Rotonda, ☎ 757-737, 📠 757-340. In der Altstadt, klein und gemütlich. ($)

Emonia, Mandrać, ☎ 757-160, 📠 757-314. Sehr praktisch am Jachthafen gelegen. ($)

Giovanni, Stanzia Rosello bb, ☎ 757-122. Ein neuer Stern am istrischen Gourmethimmel mit ausgezeichneten Meeresspezialitäten. ($$)

△ **Sirena,** ☎ 757-852, 📠 757-314. Gut ausgestattete Anlage in der Touristensiedlung östlich der Stadt.

Date Vela Ventis, Veliki trg, ☎ 758-455. Verschiedene Steakvariationen sowie Fisch und Meeresfrüchte. Große Weinkarte. ($)

Nach **Poreč

Von Novigrad kann man auf der Küstenstraße zur schilfbewachsenen Mündung des Flusses Mirna/Quieto über das Dorf *Tar/Torre* (850 Einw.) nach Poreč (16 km) weiterfahren.

Konoba Al Porto, Tarska vala, ☎ 052/462-191. Gutes Restaurant an der Mirnamündung mit fangfrischen Fischspezialitäten. ($)

Die Istrienmagistrale (E 751) führt von **Buje* (s. S. 52) aus hinunter ins Tal der *Mirna* (ital. *Quieto*, auch das bedeutet „die Ruhige"). Der größte Fluss Istriens entspringt bei Buzet (s. S. 64) und ergießt sich nach 53 km bei Novigrad in die Adria. Kurz nach der Mirnabrücke (Ponte Porton) klettert eine steile Serpentinenstraße hinauf nach ***Grožnjan* (s. S. 66). In dem 257 m hoch gelegenen Dorf *Vižinada*, 64 km, zweigt eine Straße nach Südwesten zur Hafenstadt Poreč (17 km) ab.

**Poreč/Parenzo

In der mittelalterlichen Stadt (17 000 Einw.) ist auf Schritt und Tritt die römische Vergangenheit zu spüren, denn noch heute spaziert man auf Straßenpflaster aus der Römerzeit.

Die steinernen Blumen der venezianischen Gotik blühen an den Fassaden der Häuser und Palazzi – und nur wenig weiter breiten sich moderne Hotels, Sportanlagen, Campingplätze und Nacktbadestrände aus. An Sommerabenden treffen diese beiden Welten aufeinander: Von den Stränden strömen die Urlauber herbei und erfüllen die Gassen, Eisdielen, Pizzerien und Souvenirläden mit fröhlichem Leben.

Das uralte Poreč ist mit seinem Feriengebiet das größte Touristenzentrum nicht nur Istriens, sondern der ganzen kroatischen Küste mit einer Kapazität von über 80 000 Betten.

**Euphrasius-Basilika

Mit der Basilika *(Basilica Euphrasiana)* besitzt Poreč ein Kulturdenkmal, das seit 1998 unter Schutz der UNESCO steht. Die Kirche wurde zwischen 542 und 553 als dreischiffige Basilika mit Atrium, Vorhalle und einem achteckigen Baptisterium erbaut, der Campanile stammt aus dem Jahr 1592.

Hauptattraktion und mit denen von Ravenna vergleichbar sind die byzantinischen Mosaiken im Innern, die dem Kirchenraum einen feierlichen Glanz verleihen. In der mittleren Apsis ist Bischof Euphrasius dargestellt mit dem Kirchenmodell auf dem Arm; im Zentrum des aus goldglänzenden und farbigen Steinchen gelegten Bildes thront Maria mit dem Kind, umgeben von En-

2

Seite 49

geln und Märtyrern. Beachtenswert sind auch die schönen byzantinischen Kapitelle der Säulen im Schiff. Im Sommer finden in der Basilika klassische Konzerte statt (🕓 tgl. außer zu den Gottesdienstzeiten).

Rund um den Marafor-Platz

Auf dem *Marafor-Platz,* dem ehemaligen Forum, am Ende der römischen Hauptstraße *Decumanus* (heute Dekumanska ulica), der Hauptflaniermeile, sind noch die Reste von Tempeln der Götter Mars und Neptun (1. Jh.) erhalten. In den Gassen sieht man Hausfassaden in venezianischer Gotik wie den *Palazzo Zuccato* (14./15. Jh.). Der barocke *Palast Sinčić* (17. Jh.) am Decumanus beherbergt das Heimatmuseum (🕓 tgl. 10–12 und 18–22 Uhr).

Tipp Überaus stimmungsvoll ist die Atmosphäre an den Juli- und Augustabenden im Hof des zum Sinčić-Palast gehörenden Lapidariums von Poreć, wenn kroatische Jazzsänger- und gruppen auftreten.

Sveti Nikola

Knapp 500 m vor Poreč liegt das bewaldete Eiland St. Nikolaus. Die einstige Klosterinsel ist heute ein beliebtes Badeziel und der Beginn einer Kette von kleineren Inseln mit einsamen Stränden (nördlich davon ist die istrische Westküste praktisch insellos). Taxiboote verkehren zwischen Poreč, Funtana, Vrsar und den Eilanden.

i TIC (Turistički informativni centar) 52440 Poreč, Zagrebačka ulica 8, ☎ 052/451-293, FAX 451-665, www.istra.com/porec.

🚌 Rijeka, Pula, Zagreb; Lokalbusse zu den Feriensiedlungen und in die Umgebung.

⛴ Schiffslinie Triest–Poreč–Pula (im Sommer); lokale Linien zur Insel Sveti Nikola, nach Brula, Plava Laguna, Zelena Laguna (im Sommer); Tragflügelboot nach Venedig.

Die Fassade der byzantinischen Euphrasius-Basilika in Poreč

Christus, Maria, Engel und Heilige im Goldglanz der Mosaiken

Vor dem Eingang zur Basilika

2
Seite 49

Aparthotel Isabella, Otok Sv. Nikola, ☎ 406-000, FAX 451-119. In einem Palais aus dem 19. Jh. auf der Insel Sveti Nikola gegenüber der Stadt, ruhig und luxuriös. $$$
Neptun, Obala Maršala Tita 15, ☎ 400-800, FAX 431-351. Ruhiges Stadthotel am Hafen. $$
Jadran, Obala Maršala Tita 25, ☎ 451-236, FAX 431-351. Ältestes Hotel der Stadt an der Spitze der Landzunge. $

Sowohl in der Stadt als auch in den Feriensiedlungen findet der Gast eine große Auswahl an Fisch- und Grillrestaurants, Pizzerien und Imbissstuben.
Istra, Bože Milanovića 30, ☎ 434-636. In Hafennähe; ausgezeichnete Gerichte aus Fisch und Meeresfrüchten. $$$
Amicus, Eufrazijana 45, ☎ 452-774. Eine Pizzeria mit sehr guten, einfachen Gerichten aus Teigwaren, Reis, Fisch und Fleisch. $$
Marconi, Eufrazijeva 24, ☎ 431-777. Gutes Allerweltslokal im Hof. $

Die Riviera von Poreč

Das Feriengebiet von Poreč/Vrsar, die *Porečka rivijera,* erstreckt sich zwischen der Mündung des Flusses Mirna und der fjordartigen Bucht Limska draga südlich von Vrsar, jeweils 10 km nach Norden und nach Süden. Die Gäste finden in fast allen Ferienanlagen und Hotels ein reiches Sportangebot, darunter Tennis, Volleyball, Fußball, Boccia, Tischtennis, Minigolf, Luftgewehrschießen und Reiten. Es gibt Fahrradverleihe (auch Tandem und Mofas), Fitnesscenter und Tauchschulen; Segel- und Ruderboote, Kanus, Wasserscooter und Surfbretter werden vermietet. Und wer das Risiko liebt, kommt beim Bungee-Springen oder Wasserfallschirm auf seine Kosten.

Begrenzt ist das Feriengebiet im Norden von der Halbinsel *Lanterna,* an deren Spitze der Leuchtturm *(lanterna)* nachts weiß und rot aufs Meer hinausblinkt. In der nächsten Bucht schaukeln Jachten in der Marina der Feriensiedlung *Červar-Porat. Špadici* und *Pical* liegen schon in der Nähe der Stadt Poreč. Südlich davon folgen die beiden berühmtesten Ferienzentren, die *Plava* und die *Zelena Laguna* (Blaue und Grüne Lagune) an zwei tiefen, von Kiefernwäldern eingerahmten Felsbuchten. Auch die Orte *Funtana* und *Vrsar* gehören zur Ferienregion; hier liegt Europas größte Ferienanlage für Nudisten, Koversada.

* Jama Baredine

Beim Dorf *Nova Vas,* 7 km nordöstlich von Poreč, kann man die Karstgrotte Jama Baredine besichtigen. Treppen führen 60 m hinunter in eine phantastische Welt von Tropfsteinen in vielen Formen und Farben. In einem Becken schwimmen Grottenolme, augenlose Schwanzlurche, die nur in den Karsthöhlen Südosteuropas vorkommen. (☎ 421-333, Höhlenführer Silvio Legović, ⌚ April bis Oktober tgl. 9–18 Uhr.)

Parentium, ☎ 411-500, FAX 451-536. Höchster Komfort an der Zelena Laguna, mit eigenem Spielkasino und Marina. $$$
Galijot, ☎ 451-877, FAX 452-399. In der Plava Laguna, auf einer bewaldeten Landzunge gelegenes Hotel mit Appartementanlage. $$
Tamaris, ☎ 401-000, FAX 443-500. Auf Lanterna bei Tar, mitten im Grünen. Einfach, aber ruhig. $$

⚠ **Lanternacamp,** ☎ 404-500, FAX 443-093. Idyllisch zwischen Kiefern und Eichen. Mit Blick auf die Mirnamündung und den Leuchtturm.
Ulika, ☎ 436-325, FAX 451-044. Gut ausgestattete FKK-Anlage nördlich von Poreč in schattigem Gelände.
Naturist-Center Koversada, ☎ 441-378, FAX 441-122. Ein riesiger

2

Seite 49

FKK-Campingplatz südlich von Vrsar am Eingang zur Limbucht.
Auf einer kleinen Insel sind nur Zelte zugelassen.

Nostromo, Zelena Laguna, ☎ 451-917, FAX 452-206. Flambiertes und Fisch. ($)

Vrsar/Orsera

Der malerische Ort (1600 Einw.) ist der zweitgrößte an der „Porečka rivijera". Von Bedeutung ist die romanische Pfarrkirche **St. Maria vom Meer** *(Sveta Marija od mora)* aus dem 12. Jh. Weithin sichtbar ragt in blendendem Weiß der erst 1990 erbaute Campanile empor.

Am Trg Slobode beginnt der antike Decumanus von Poreč

Turistička zajednica, Rade Končara 46, ☎ FAX 052/441-187.

Tipp Im Park skulptura Dušana Džamonje (Di–So 9–11 und 10–21 Uhr) von Valkanela an der Küstenstraße Poreć-Vrsar sind die faszinierenden Metall- und Steinskulpturen des einheimischen Bildhauers Dušan Džamonja zu bestaunen.

Blick auf Poreč von einer der Badebuchten südlich der Stadt

Limska Draga und Crljenka

Südlich von Vrsar erstreckt sich die schmale Bucht *Limska draga* (Bucht von Lim, auch Limski zaljev oder Limski kanal) 9 km tief ins Land hinein. Die vielen oberirdischen und unterseeischen Süßwasserquellen *(vrulje)* schaffen hier besonders gute Bedingungen für das Leben im Wasser, es werden Miesmuscheln, Austern und Fische gezüchtet. Der Kanal ist für jeglichen Wassersport gesperrt.

Von Vrsar führt eine Straße nach Osten, vorbei am Flugplatz *Crljenka,* wo Rundflüge angeboten werden – so kann man Istrien einmal aus der Vogelperspektive erleben (☎ 441-350). Die Straße stößt fast am Ende der Bucht wieder auf die Istrienmagistrale.

Das Fischerstädtchen Vrsar: ein beschaulicher Badeort

2

Seite 49

Nach **Rovinj

Von *Vižinada* (s. S. 54) führt die E 751 südlich nach *Baderna*, 73 km, weiter, wo rechts eine Straße nach Poreč (12 km) und links nach Pazin (16 km; s. S. 68) abzweigt. Südlich vom Dorf *Sveti Lovreč*, 83 km, stößt man auf ein Stück Schnellstraße mit einer 112 m hohen Brücke über das Limtal auf der Trasse der geplanten Istrienautobahn von der slowenischen Grenze bis Pula.

Am Steilufer der *Limska draga*, wo auch die von Vrsar (s. S. 57) herkommende Straße einmündet, führt eine Abzweigung hinunter zu einem Restaurant, wo die hier gezüchteten Austern und Miesmuscheln serviert werden.

Viking, ☎ 052/448-223. Köstlich frische Meeresfrüchte sowie Austern und Miesmuscheln aus der hiesigen Zucht. ($)

An der Kreuzung von *Brajkovići*, 93 km, geht es links nach Kanfanar, Žminj und Pazin, rechts über *Rovinjsko selo* (zu Rovinj gehörendes Dorf), das 1526 von Flüchtlingen aus Bosnien und Dalmatien gegründet wurde, ans Adriatische Meer.

**Rovinj/Rovigno

Kleine grüne Inseln mit weißen Felsrändern liegen vor einer Küste, die von Buchten und grünen Landzungen wie von Fransen zerrissen ist, und inmitten dieser blau-grün-weißen Herrlichkeit, in der Land und Meer unter der Sonne verschmelzen, eine einzigartige Stadtsilhouette: ein Hügel aus Häusern, über dem das rote Dach des Doms zu schweben scheint und aus dem ein schlanker, spitzer Turm hervorsticht. Dieses unvergessliche Bild bietet Rovinj, sicherlich die schönste Stadt der istrischen Westküste.

Die auf einer erst 1763 mit dem Festland verbundenen Insel errichtete Siedlung war bis zum Ausbau von Pula durch die Österreicher der wichtigste Hafen Westistriens. Trotz der Insellage und der Befestigungen wurde Rovinj, das im 7. Jh. erstmals als Ruvigno Erwähnung findet, mehrmals geplündert, von dalmatinischen Seeräubern, von Genuesen und den Uskoken von Senj.

In venezianischer Zeit blühte die Stadt als Ausfuhrhafen für Holz, Baumaterial, Vieh und andere landwirtschaftliche Erzeugnisse. Die schönsten Häuser, Kirchen und Palazzi stammen aus dieser Ära. Rovinj wirkt auch heute noch sehr italienisch, ein Drittel seiner 13 000 Einwohner sind Italiener.

Geisterstadt Dvigrad

In grüner Üppigkeit wuchert die Vegetation in Dvigrad, 3 km westlich von Kanfanar. Der im 17. Jh. wegen einer Pestepidemie verlassene Ort hat sich seitdem nie wieder mit menschlichem Leben gefüllt. Es kommt einem Abenteuer gleich, in diesem Ruinenkomplex mit seinen Verteidigungswällen und Wehrtürmen herumzustreifen.

Von der Riva zum Stadtmuseum

Von der Uferstraße, der von Restaurants, Cafés, Bars und Eisdielen gesäumten *Riva*, sieht man hinüber zu der nur 250 m entfernten grünen Hotelinsel *Sveta Katarina*.

Bei der Hafenmole vor der Altstadt auf der einstigen Insel öffnet sich der Hauptplatz *Trg Maršala Tita*, an dem sich der mit dem Markuslöwen geschmückte *Uhrturm* über der *Loggia* (heute Reisebüro) erhebt.

Im barocken Palazzo *Califfi* ist heute das *Stadtmuseum (Zavičajni muzej)* untergebracht. In der Gemäldesammlung befindet sich auch ein Kinderporträt des späteren bayerischen Königs Ludwig II. von Ferdinand Georg Waldmüller (🕓 Di–Sa 10.30–14 Uhr, im Sommer 18–20 Uhr).

Zur Kirche *St. Euphemia

Durch das barocke *Balbi-Tor* von 1680, das ebenfalls den Markuslöwen trägt, kommt man zum wappenverzierten Rathaus aus dem 17. Jahrhundert und zum Platz *Trg Giacomo Matteotti*. Von hier taucht man sogleich ein in eine Welt aus romantischen Gassen, kleinen Plätzen, Durchgängen und schönen Portalen.

Die enge Hauptgasse *Grisia* führt vorbei an Galerien, Boutiquen und Andenkenläden, vor denen Maler ihre Werke ausstellen, bergan zur Pfarrkirche * *St. Euphemia (Sveta Fumia)*. Sie wurde ab 1736 an der Stelle älterer Gotteshäuser erbaut, die Fassade kam 1861 hinzu. Der Innenraum des Doms bewahrt einen römischen Sarkophag mit den Gebeinen der Stadtpatronin, die der Legende nach im Jahr 304 als Märtyrerin gestorben ist.

Von der Terrasse und (noch schöner) vom 1677 errichteten, 59 m (183 Stufen) hohen Campanile, einer Kopie des Turms von San Marco in Venedig, hat man einen bezaubernden Blick auf die Stadt und die vorgelagerten Inseln. Die Turmspitze trägt die kupferne Statue der Heiligen, die sich nach der Windrichtung dreht.

Zeichen der Macht Venedigs ist der Löwe des heiligen Markus

Häufiges Haustier im Karst und Istriens Wappentier: die Ziege

2

Seite 49

Löwe, Adler, Ziege

Vom Gardasee bis zur Insel Zypern sind öffentliche Gebäude, Befestigungsanlagen, Türme und Tore mit dem geflügelten Löwen geschmückt – meist in Stein gemeißelt, als Relief oder als Vollplastik. Er ist das Symbol des heiligen Markus, eines der vier Evangelisten, des Schutzheiligen von Stadt und Staat Venedig.

Wo immer die Serenissima herrschte, so auch an der Ostküste der Adria von Istrien bis Dalmatien, prangt dieses Zeichen der Macht in zweierlei Formen: Mit Schwert und geschlossenem Evangelienbuch wurde der Löwe in Kriegszeiten dargestellt, das Buch offen, mit der Inschrift „Pax tibi Marce Evangelista meus" (Friede sei mit dir, Markus, mein Evangelist), wenn Friede herrschte. Der heilige Markus ist der Patron der Lagunenstadt, seit im Jahr 828 venezianische Kaufleute seinen Leichnam aus dem ägyptischen Alexandrien geraubt hatten.

Nach der Auflösung der Republik Venedig wurde der Löwe von einem anderen Raubtier abgelöst: dem doppelköpfigen Adler Österreichs. Friedlicher erscheint dagegen Istriens altes Wappensymbol, die Ziege.

2
Seite 49

Vom Marktplatz zum Meeresbiologischen Institut

Geht man den Altstadthügel auf der anderen Seite wieder hinunter, kommt man zum lebhaften *Markt* und zum *Trg Valdibora* mit einem modernen Gefallenendenkmal. Von hier aus bietet sich eine eindrucksvolle Aussicht auf die Front der unmittelbar am Meer erbauten Häuser, darüber schweben die Kirche und ihr Turm.

Auf einer Anhöhe überragt das von Zypressen eingerahmte Ensemble aus Kirche und Kloster *St. Franziskus (Sveti Franjo)* die im 17./18. Jh. entstandene Neustadt auf dem Festland. Auf einem Spaziergang durch die alten Viertel hinter der Riva entdeckt man immer wieder malerische Ecken.

Vom Platz Valdibora führt die Straße die gleichnamige Bucht entlang zum *Meeresbiologischen Institut „Rudjer Bosković“*. Es wurde 1891 als Außenstelle des Berliner Aquariums gegründet. Seine Becken enthalten zahlreiche Exemplare der reichen Tierwelt der nördlichen Adria (🕓 im Sommer tgl. 9–21 Uhr).

Inselgruppe vor Rovinj

Vor Rovinj liegt eine Gruppe von 14 größeren und kleineren Inseln und vielen Klippen: Die größten sind *Sveta Katarina* direkt vor dem Hafen und *Sveti Andrija*, genannt die Rote Insel *(Crveni otok)*; sie ist mit der FKK-Insel *Maškin* durch einen Damm verbunden. Taxiboote bringen Hotelgäste und Besucher zu den Eilanden.

Tipp Südlich der Stadt erstreckt sich einer der schönsten Parks der Adriaküste, der ***Nationalpark Muntrav** auf dem Vorgebirge Zlatni rt („Goldenes Kap“). Er besticht durch die üppige Mittelmeerflora und schöne Badeplätze.

i Turistička zajednica, 52210 Rovinj, Obala Pina Budičina 12 (am Hafen bei der langen Mole), ☎ 052/811-566, Fax 816-007.

Bus: Pula, Rijeka, Zagreb, Triest.

Sol Inn Adriatic, Obala Pina Budičina, ☎ 815-088, Fax 813-573. Das älteste, aber völlig renovierte Hotel der Stadt, am Hafen gelegen. $$

Rovinj, Svetog križa 59, ☎ 811-288, Fax 811-257. Ruhiges Haus unterhalb der Euphemiakirche mit wunderschönem Blick auf Meer und Inseln. $$

Monte, Montalbano 75, ☎ 830-203. Elegantes Speiselokal in einem intimen Innenhof unterhalb der Kirche, dessen mediterran-istrische Küche höchsten Ansprüchen genügt. $$$

Stari grad, Vrata pod zidom 10, ☎ 813-449. In der Altstadt beim Hafen, wohlschmeckende Gerichte aus Fisch und Meeresfrüchten. $$

Veli Jože, Svetog križa 8, ☎ 816-337. Uriger Weinkeller mit gutem istrischen Wein und einheimischem Essen. $$

Feriengebiet Rovinj

Von Rovinj aus kann man zur Weiterfahrt in Richtung Pula den Ort **Bale* (s. S. 61) an der E 751 auf einer direkten Straße (13 km) ansteuern.

Jeweils 6 km nach Norden und Süden, von der tief eingeschnittenen Limska draga bis zur Bucht Veštar, reihen sich Hotels und Campingplätze, Sportanlagen und Badestrände aneinander. Am dichtesten sind sie im Süden Rovinjs konzentriert: Unter dem Monte Mulin (Mühlenberg) drängen sich moderne Hotels um das größte Vergnügungszentrum des Landes, *Monvi*, mit Freilichtbühne, Diskothek und Nachtklub.

Nicht weit entfernt empfängt das Internationale Jugendzentrum *Škaraba* mit Campingplatz, verschiedenen Sportanlagen und Privatstrand Jugendliche aus ganz Europa.

2
Seite 49

Mélia Eden, ☏ 811-088, FAX 811-349. Luxushotel im Grünen am Fuß des Monte Mulin am Zlatni rt. $

Paradies-Hotelinsel Katarina, Buchung ☏ 0043/6542/788-305, aus Österreich ☏ 06542/788-305. Neues, komfortables Familienressort auf der Insel Sv. Katarina: Gemütlich eingerichtete Appartements, Pool, Kinderclub, Tennis, Tauchen und ausgezeichnete österreichisch-istrische Küche. $

△ **Veštar,** ☏ 811-431, FAX 811-571. Etwa 6 km südlich der Stadt; angenehmer Platz mit FKK-Abschnitt.

Die Altstadt von Rovinj, von der Bucht Valdibora aus gesehen

Von * Bale nach Fažana

Von der Kreuzung *Brajkovići* (s. S. 58) geht die Fahrt auf der Istrienmagistrale durch einsame, mit Buschwald bedeckte Landschaft weiter bis * **Bale/Valle,** 102 km. Das Städtchen blickt von seinem 140 m hohen Hügel über Olivenpflanzungen und Weingärten; seine Gassen verlaufen in zwei Kreisen um die Hügelkuppe. Aus venezianischer Zeit stammt der Kastell genannte *Palazzo Soardo-Bembo;* er besteht aus zwei älteren Wehrtürmen, die im 15. Jh. mit einem teils im gotischen, teils im Renaissancestil erbauten Trakt verbunden wurden. Zum Stadtensemble gehören auch der gut erhaltene *Prätorenpalast,* die *Loggia* und der Getreidespeicher (*fontik, fondaco*).

Abweisende Mauern: der Palazzo Soardo-Bembo in Bale

Um * **Vodnjan/Dignano,** 112 km, macht die Hauptstraße zwar einen Bogen, aber ein kurzer Aufenthalt lohnt sich trotzdem, denn auch hier ist noch viel Altes erhalten, sowohl in Stadtbild und Architektur als auch in den Traditionen der rund 3800 Einwohner: Wie in Bale leben hier viele Menschen italienischer Abstammung, und einige sprechen noch die uralte istroromanische Sprache. Schöne Palazzi in venezianischer Gotik und in barockem Stil prägen die

In Vodnjan sind viele Gebäude in venezianischer Gotik erhalten

2

Seite 49

Altstadt. Die Pfarrkirche *St. Blasius (Sveti Blaž)* birgt hinter dem Hauptaltar makabre Sehenswürdigkeiten: die Mumien dreier aus Venedig stammender Heiliger: von Leon Bembo (13. Jh.), Johannes Olini (14. Jh.) und der Äbtissin Nikolosa Bursa (15. Jh.). Einen Besuch wert ist auch das Museum in den Sakristeiräumen, das wirklich sehenwerte Sakralschätze des 5.–19. Jhs. präsentiert (falls geschlossen, Schlüssel in ul. S. Rocco 4 holen).

Von der Istrienmagistrale führt ein Abstecher von etwa 5km nach **Fažana/Fasana** (2700 Einw.), einem beschaulichen Badeort.

** Nationalpark Brioni-Inseln

Die 14 Inseln des Archipels sind vorwiegend unter ihrem italienischen Namen Brioni bekannt, kroatisch heißen sie Brijuni. Da die von Natur und Menschenhand geschaffene landschaftliche Kostbarkeit für den Autoverkehr gesperrt ist, unterhält die Nationalparkverwaltung in Fažana einen Parkplatz für Gäste. Schiffe verkehren täglich sechs- bis siebenmal hin und zurück.

Die Überfahrt dauert eine Viertelstunde, das Ausflugsprogramm ab Fažana zur größten Insel, Veli Brijun, etwa vier Stunden. Zur Besichtigungstour steht eine Panoramabahn bereit, die Gruppen mit Führer zu den wichtigsten Sehenswürdigkeiten befördert. Für einen Urlaubsaufenthalt gibt es zwei Hotels.

Geschichte

Nachdem im 18. Jh. die Inseln wegen einer Malaria-Epedemie verlassen wurden, kaufte der österreichische Industrielle Paul Kupelwieser 1883 die Inseln; in seinem Auftrag machte sie der Bakteriologe und Nobelpreisträger Robert Koch malariafrei, sodass Kupelwieser seinen Plan verwirklichen konnte, hier eine exklusive Sommerfrische zu schaffen. Vor dem Ersten Weltkrieg erlebte Brioni seine Blütezeit. Nach dem Zweiten Weltkrieg war Veli Brijun der Feriensitz des jugoslawischen Staatspräsidenten Tito, sein Privathaus ließ er auf der kleinen Insel Vanga bauen. 1983 wurde die Inselgruppe zum Nationalpark erklärt.

Brioni/Brijuni

Der Archipel aus zwei größeren (Veli Brijun und Mali Brijun) und zwölf kleineren Inseln ist mit einem milden Klima gesegnet und mit üppiger mediterraner und subtropischer Vegetation bedeckt.

Flora und Fauna

Zu der reichen, ursprünglich mediterranen Pflanzenwelt des Archipels mit Steineichen, Steinlinden, Lorbeerwäldern sowie üppiger Macchia gesellen sich subtropische und andere exotische Pflanzen. In den Parks und auf den Wiesen von Veli Brijun gedeihen auch Pinien, Aleppokiefern, Strand- und Schwarzkiefern, Zedern, Zypressen, Sequoia- und Eukalyptusbäume. Eine Rarität ist der riesige Olivenbaum, dessen Alter auf 1200 Jahre geschätzt wird.

Dazwischen äsen Dam- und Axishirsche, Mufflons sowie die Boškarin genannten istrischen Rinder. Ein umzäunter Safaripark beherbergt exotische Pflanzenfresser wie Elefanten, Antilopen, Kamele, Lamas und Zebras.

i Narodni Park Brijuni, 52214 Brijuni, ☏ 052/525-807, FAX 521-367.

Neptun-Istra, ☏ 525-100, FAX 521-367, und **Karmen,** ☏ 525-400, FAX 521-367. Beide sind kleine, gut ausgestattete Hotels, die fast Luxusklasseniveau haben; Fahrradverleih. ($)

Von Fažana aus hat man nach wenigen Kilometern das Ziel dieser Route erreicht, die Hafenstadt * **Pula,** 122 km, s. S. 39.

Route 3

Bergstädte mit Türmen und Toren

*Opatija – *Buzet – **Motovun – *Grožnjan – *Buje – Umag (85 km)

Quer durch das nördliche Istrien, von Opatija am Kvarnergolf hinüber zur Westküste, geht die Fahrt jenseits des Učkatunnels durch karge, hügelige Karstlandschaft und fruchtbare, grüne Flyschtäler, überragt von malerischen Bergstädten. Wenn man sich mit der Besichtigung von nur zwei oder drei Orten begnügt, schafft man die Route in einem Tag, sie ist aber gut zwei, drei Tage wert.

Nach Roč

Vom Seebad **Opatija* (s. S. 45) fährt man hinauf nach *Matulji*, wo zwei Straßen nach Inneristrien abzweigen: Die alte Učka-Passstraße über das Bergdorf Veprinac und den Poklonsattel nach Vranja bietet einen einzigartigen Rundblick vom 1396 m hohen Učkagipfel **Vojak* (s. S. 46); die neuere Straße dagegen erspart dem Reisenden steile Strecken und Serpentinen. Sie führt durch den 5062 m langen *Učkatunnel* (mautpflichtig) und gelangt bei *Vranja*, 17 km, wieder ans Tageslicht.

Weiter nordwestlich münden bei *Lupoglav* Straße und Bahnlinie aus dem Tal der Fojba (Pazinčica) vom inneristrischen Pazin (s. S. 68) her ein. Dann folgt die Route dem Südrand des Karstgebirges Ćićarija, das hier bis zu 1273 m hoch ist, durchs „weiße Istrien". Diese fast menschenleere Landschaft verdankt ihren deutschen Namen Tschitschenboden dem romanischen Hirtenvolk der Tschitschen, das in der Türkenzeit aus dem Innern der Balkan-

Ruinen aus byzantinischer Zeit auf der Tito-Insel Veli Brijun

Steil brechen die Kalkfelsen der Ćićarija nach Süden hin ab

Die Diamanten Istriens

Im Norden der Halbinsel, in den Tälern der Mirna und der Pazinčica und im Motovuner Wald gehen im Spätherbst früh am Morgen die Bauern mit eigens dazu abgerichteten Hunden auf Trüffelsuche. Trüffeln (kroat. und ital. tartufi) sind die kostbarste Art von Pilzen – der französische Gourmet Brillat-Savarin nannte sie „Diamanten der Küche". Die unter dem Waldboden wachsenden weißen und schwarzen Knollen dienen hauptsächlich zum Würzen von Pasteten und feinen Fleisch- und Geflügelgerichten. Typisch istrisch sind Trüffeln zu Fuži und anderen Nudeln, zu Eiern mit Pršut und zu Rehfleisch.

Seite 49

halbinsel bis in den Norden Istriens gewandert ist und eine dem Rumänischen ähnliche Sprache spricht.

Roč, 29 km, hat etwa 180 Einwohner, seine Befestigungsanlagen aus dem 15. Jh. sind teilweise noch gut erhalten. Benannt ist das Städtchen nach der romanischen Kirche des Pestheiligen Rochus *(Sveti Rok)* mit Wandmalereien aus dem 14. und 15. Jh. Berühmt ist es wegen der vielen hier gefundenen glagolitischen Inschriften (s. S. 21). Roč war im Mittelalter ein Zentrum der kirchlichen Literatur in altkroatischer (tschakawischer) Sprache, die in glagolitischer Schrift verbreitet wurde.

3

Seite 49

* Hum

Die 1977 errichtete Allee der Glagoliter (*Aleja glagoljaša* s. S. 20) führt von Roč hinauf nach Hum.

Das Örtchen liegt oberhalb des Tals der Mirna in 339 m Höhe. Mit nur 18 Einwohnern ist es der kleinste Ort Istriens. Als Holm wurde es 1102 erstmalig erwähnt, die Venezianer bauten die Siedlung zur Grenzfestung gegen den habsburgischen Teil Istriens aus, und noch heute sind die wenigen Häuser teilweise von Wällen und Mauern umgeben. Beim *Stadttor* (1562) hat ein romanisch-gotischer *Glockenturm* die stürmischen Zeiten überdauert, die Pfarrkirche *St. Peter und Paul (Sveti Petar i Pavao)* stammt dagegen aus dem Jahr 1802. Viel älter ist die romanische Friedhofskapelle *St. Hieronymus (Sveti Jeronim)* aus dem 12. Jh. mit Fresken aus dem 12. und 13. Jh. und glagolitischen Inschriften.

Humska konoba, ☏ 052/660-005. Köstlichkeiten wie z. B. Maultaschen mit Trüffel gibt es in diesem sympathischen Ausflugslokal à la carte. $

Von Roč aus geht es hinunter ins Tal der Mirna, des größten Flusses Istriens, der unterhalb von Hum einer Karstquelle entspringt und nach 53 km bei Novigrad in die Adria mündet (s. S. 54).

* Buzet

Unter den steilen weißen Kalksteinfelsen der Ćićarija liegt Buzet, 39 km, auf einem Hügel über der Talebene, wo sich die Neustadt mit Industriebetrieben ausgebreitet hat. Von den etwa 2000 Einwohnern leben noch rund 500 oben in der Altstadt.

Die Altstadt ist auf gewachsenem Felsen erbaut und von Festungsmauern umgeben. Zwei Stadttore führen hinein ins Gassenlabyrinth und zum Hauptplatz mit der *Loggia*, dem *Capitano-Palais* und der barocken *Zisterne*. Das * *Heimatmuseum* zeigt unter anderem traditionelle Werkstätten von Bäckern, Webern, Töpfern, Schmieden, Wagnern, Schustern, Kammmachern und Geräte der Besenbinder (Mo–Fr 9–13 Uhr, Do 16–18 Uhr, Sa u. So nach Anmeldung unter ☏ 662-792).

Turistička zajednica, Ulica 2. Istarske brigade 2, 52420 Buzet, ☏ FAX 052/662-343.

An der Strecke Pula–Ljubljana.

Fontana, Trg Fontana, ☏ 662-466, FAX 663-423. Einfaches Hotel. $

Most, an der Brücke über die Mirna, ☏ 662-867. Das älteste Gasthaus im Ort serviert hervorragende Spanferkel, Pršut und Schafskäse von der Ćićarija. $

Nach ** Motovun

Südwestlich von Buzet wird das Tal der Mirna enger, und in der Schlucht *Željezna vrata* („Eisernes Tor“) überragen fast 100 m hohe Felsen den Fluss. An ihrem Ausgang liegt bei dem Weiler *Sveti Stjepan* das Thermalbad *Istarske Toplice* mit warmen Schwefelquellen und Schlammbädern, das vor allem Rheumakranken Linderung verspricht.

Auf einem Felsen hoch über dem Tal der Mirna thront Buzet

Kurhotel Mirna, 52417 Livade, ☏ 052/664-300, FAX 664-310. Hässlicher Betonklotz, aber ruhig im Wald gelegen. ($)

Über dem Tal thront im Süden (2 km), auf einem 277 m hohen steilen Hügel, ****Motovun/Montona,** eine istrische Stadt wie aus dem Bilderbuch und ein beliebtes Ausflugsziel für die Besucher der Küsten-Badeorte.

3

Seite 49

Panorama pur

Bei einem Stadtmauer-Spaziergang in Motovun hat man die hügelige Landschaft des „grauen Istrien" mit Eichenwäldern, Wiesen und Weingärten (Teran und Malvazia) und die schnurgerade Mirna zu Füßen. Und an klaren Tagen soll man von hier aus sogar freie Sicht bis zum Ućka-Massiv im Osten haben.

Motovun besteht aus dem eigentlichen alten Kern ganz oben, aus der Unterstadt und den Vororten am Südhang des Hügels. Wehrmauern und Türme aus dem 14. Jh. sind gut erhalten, ebenso die alten Bürgerhäuser und Palazzi. Das erste *Stadttor* mit dem geflügelten Löwen stammt aus dem 16. Jh. Von hier aus sieht man über das Mirnatal hinüber zu den Städten Oprtalj und Grožnjan. Neben der *Loggia* öffnet sich das innere *Stadttor* zur Altstadt und zum Hauptplatz mit dem zinnenbewehrten *Glockenturm* (13. Jh.) und der Kirche *St. Stefan (Sveti Stjepan;* 16. Jh.), die nach Plänen des italienischen Architekten Andrea Palladio erbaut wurde. Der *Kaštel* genannte Palazzo Polesini, der heute als Hotel fungiert, rundet das historische Ensemble ab.

Turistička zajednica, 52424 Motovun, ☏ FAX 052/681-642.

Kaštel, ☏ 681-607, FAX 681-620. Kleines, romantisches Hotel im alten Palazzo Polesini; mit Restaurant. Sehr gute istrische Spezialitäten, im Herbst auch Trüffelgerichte. ($)

** Grožnjan / Grisignano

Gegenüber von Motovun sieht das winzige Städtchen *Oprtalj* ins Tal der Mirna hinunter. Hier überquert man die Brücke *Ponte Porton,* 61 km (s. S. 54) und folgt gleich dahinter einer steilen Serpentinenstraße (5,5 km) hinauf nach Grožnjan/Grisignano auf seinem 288 m hohen Hügel inmitten von Weingärten.

Die Einwohnerschaft war nach dem Zweiten Weltkrieg von 1500 Bewohnern auf vier Familien zusammengeschmolzen, nachdem die vorwiegend italienische Bevölkerung die Stadt verlassen hatte. Grožnjan wurde von Künstlern vor dem Verfall gerettet. Sie richteten hier ihre Sommersitze mit Ateliers und Galerien ein. Heute leben hier wieder etwa 200 Menschen.

Die Venezianer machten den Ort im 14. Jh. zum Verwaltungszentrum Westistriens und bauten ihn zur Festung aus. Davon zeugt noch das *Stadttor* (15. u. 16. Jh.), an dessen Innenseite sich die *Loggia* (1587) lehnt. Der *Fondaco,* der Getreidespeicher, befindet sich im Stockwerk darüber. Im Sommer veranstaltet die „Jeunesse musicale", eine Vereinigung junger Musiker, Kurse; dazu finden Konzerte und Seminare für bildende Künstler statt.

Turistička zajednica, Umberto Gorjan 3, 52429 Grožnjan, ☏ FAX 052/776-131.

Ladonja, ☏ 776-125. Istrisches Landgasthaus. Vor allem Wild, Nudelgerichte, Maneštra und einheimischer Wein. ($)

Ab der Abzweigung von der E 751 bei der Mirnabrücke *Ponte Porton* verläuft die Route (in umgekehrter Richtung wie die Route 2) weiter nach **Buje,* 71 km (s. S. 52). Von dort aus erreicht die zur Küste hinunterführende Straße den Badeort **Umag,** 85 km, s. S. 52.

Route 4

Von Küste zu Küste durchs „rote Istrien"

*Poreč – Baderna – *Pazin – Plomin (61 km)

Wie die vorhergehende Route durchquert auch diese die Halbinsel, nur etwas weiter im Süden. Sie führt ins Herz der Region, nach Pazin, dem einstigen Hauptort der österreichischen Grafschaft Mitterburg, und auch sie ist gesäumt von Dörfern und kleinen Städten hoch auf den Bergkuppen über dem fruchtbaren Rotistrien. Das Ziel, die Ostküstenstraße, erreicht man bei Plomin oberhalb einer tief eingeschnittenen Bucht. Dauer mindestens ein Tag, eine Übernachtungsmöglichkeit gibt es in Pazin.

Von **Poreč* (s. S. 54) an der Westküste verläuft die Straße ins Landesinnere nach Osten und kreuzt bei *Baderna*, 12 km, die von Norden kommende E 751 (Route 2) nach Pula. Weiter ostwärts kommt sie nach *Tinjan*, 20 km, über der Karstschlucht Limska draga, in der sich die lange fjordartige Bucht an der Westküste zwischen Vrsar und Rovinj fortsetzt. Tinjan war Grenzort am Ostrand des venezianischen Istrien.

Weiter entlang der Limska draga nach Nordosten gelangt man zu einer Abzweigung nach Motovun (s. S. 66). Nun biegt die Straße jäh nach Süden ab.

*Beram

Links liegt auf einer Anhöhe das Dorf Beram (250 Einw.), das eine kunstgeschichtliche Kostbarkeit besitzt, nämlich die berühmtesten gotischen

Stadttor in Motovun, einer der schönsten istrischen Bergstädte

Die Stadtloggia von Grožnjan mit ihren wohlproportionierten Arkaden stammt aus dem Jahr 1587

Totentanz – Wandgemälde aus dem 15. Jh. in Beram

4

Seite 49

Fresken des kroatischen Istrien. Sie sind in der Friedhofskirche ** **Sveta Marija na Škriljinah** (schriftsprachlich na Škriljinama; St. Maria in den Felsen) östlich des Ortes zu bewundern. Den Schlüssel zum Gotteshaus erhält man im Dorf (Haus 22, Schlüssel heißt *ključ*). Das Kirchlein wurde 1474 von Vincent von Kastav mit einem Freskenzyklus ausgemalt. Sein Meisterstück ist der acht Meter lange Totentanz an der Westwand, auf dem Papst, Kardinal und Bischof, König und Königin, Wirt, Soldat, Kaufmann und Bettler sowie ein Kind im Reigen mit Skeletten schreiten. Großartig sind auch die Fresken, die den Sündenfall thematisieren, und das Glücksrad, das die blinde Göttin Fortuna dreht und dem die Menschen ausgeliefert sind.

4

Seite 49

* Pazin/Pisino

Der Ort, 32 km, liegt ziemlich genau in der Mitte der Halbinsel und trug deshalb in österreichischer Zeit als Hauptort einer Grafschaft den deutschen Namen Mitterburg. Hier wurde im 16. Jh. die Urkunde *Istarski razvod* („Die Teilung Istriens") verfasst, die in kroatischer, deutscher und italienischer Sprache die Besitzverhältnisse der Mächte, die die Halbinsel beherrschten, festschrieb. Seit dem Jahr 1991 ist der Ort Hauptstadt der Gespanschaft (Regierungsbezirk) Istrien.

Die Stadt wird von der am besten erhaltenen *Burg* Istriens beherrscht (13.–16. Jh.). Es erhebt sich hoch über der 120 m tiefen * **Fojba-Schlucht,** in der der Bach Pazinski potok oder Pazinčica verschwindet, um unterirdisch weiterzufließen. Die Pazinčica kommt in der Adriabucht Limska draga an der Westküste (s. S. 57) wieder zutage.

An der Fassade der Festung prangen die Wappen der Feudalherren, die hier ihren Sitz hatten: die Bischöfe von Poreč, die Patriarchen von Aquileia, die Grafen von Andechs und Görz, die Habsburger und die österreichischen Markgrafen Montecuccoli.

In den Räumen des alten Komplexes ist das * **Ethnographische Museum Istriens** *(Istarski etnografski muzej)* untergebracht. Die Sammlung bietet eine ausgezeichnete Übersicht über das Volksleben der Halbinsel aus der Zeit vor der Industrialisierung: Sie zeigt die Trachten der istrischen Landschaften, traditionelle Werkzeuge und Geräte der Handwerker und Bauern, Musikinstrumente und Töpferwaren. Besonders interessant ist eine originalgetreu eingerichtete ländliche Küche (🕓 Juni bis Okt. Di–So 10–18 Uhr, Mo 10–15 Uhr).

Die Pfarrkirche **St. Nikolaus** *(Sveti Nikola)* aus dem 13. Jh. hat im Chor ein schönes Sternrippengewölbe, das mit beachtenswerten gotischen Fresken ausgemalt ist.

Turistička zajednica, Stari trg 8, 52000 Pazin, ☎ 052/622-460, FAX 624-405.

An der Linie Pula–Ljubljana.

Motel Lovac, Šime Kurelića 4, ☎ 624-384, FAX 624-292. Das einfache Haus liegt unterhalb des Schlosses an der Fojba-Schlucht. ($)

Poli Nina, Trg pod lipom, ☎ 622-022. Nettes Lokal mit einfacher Hausmannskost wie Gulasch mit Njoki und bäuerlichem Wein. ($)

Auf dem Weg nach Vozilići

Von Pazin aus führt eine Straße durchs Tal der Fojba (Pazinčica) über Cerovlje nach Nordosten, wo sie bei Lupoglav auf die Route 3 (s. S. 63) trifft.

Bei der Weiterfahrt in Richtung Plomin sollten kunstgeschichtlich Interessierte im Dörfchen *Lindar* auf einer Anhöhe links der Straße einen Stopp einlegen: In der Kirche St. Katharina (Sveta Katarina) ist ein ungewöhnliches * Fresko von 1409 zu sehen, das „Lebendige Kreuz". Die Kreuzigung Christi wird bildhaft in die Heilsgeschichte einbezogen, indem die Enden des Kreuzes sich in Hände verwandeln, die das Himmlische Jerusalem und die Vorhölle öffnen, die Synagoge zerstören und die christliche Kirche segnen.

Istriens Hauptstadt Pazin liegt im grünen Herzen der Halbinsel

Gračišće / Gallignana

Der ebenfalls auf einem Hügel gegründete Ort, 40 km, war eine Siedlung adeliger Freibauern. Hier ist die kleine Kirche *Sveta Marija* mit Wandmalereien aus dem 15. Jh. und einer Lopica genannten Vorhalle zu besichtigen. Das Städtchen mit 450 Einwohnern besitzt insgesamt vier Kirchen, den Hauptplatz schmückt der *Palazzo Salamon* (15. Jh.).

Marino, ☏ 052/687-081. Gut zubereitete inneristrische Speisen, köstliche Maneštra! ($)

Das Kastell von Pazin war einst Sitz der Grafen von Mitterburg, heute beherbergt es ein Museum

Weiter abwärts in Richtung Ostküste thront linker Hand das Bergdorf *Pićan* oberhalb der Straße. Es war vom 5. Jh. bis 1788 unter dem Namen Pedena Bischofsitz. Erhalten sind seine mittelalterlichen Mauern und das Stadttor.

Die romanische Friedhofskapelle *St. Michael (Sveti Mihovil)* bietet eines der vielen Zeugnisse des freskenfreudigen 15. Jhs.: In schönstem gotischen Stil zeigen sie das Leben Christi, besonders eindrucksvoll ist die Darstellung des Heilands vor dem römischen Prokurator Pontius Pilatus.

Die Straße senkt sich nun ins Tal der *Raša*, die südlich von Barban (s. S. 50) ins Meer mündet. Der Fluss kommt aus dem *Čepičko polje*, einem ehemaligen Karstsee, der zu einer sumpfigen Ebene austrocknete und dann durch Entwässerung in Ackerland verwandelt wurde. Ein Teil des Wassers wird durch einen über vier Kilometer langen Tunnel in die nahe gelegene Bucht von Plomin abgeleitet.

In einer tiefen Karstschlucht verschwindet der Fluss Pazinčica

In *Vozilići*, 58 km, stößt man auf die Ostküstenstraße E 751 (Route 1) und gelangt nach **Plomin,** 61 km, s. S. 48.

4
Seite 49

Route 5

Zu den Plitwitzer Seen und nach Rab

***Rijeka – Kraljevica (– Insel *Krk) – *Crikvenica – Senj (– **Plitwitzer Seen) – Jablanac (– Insel **Rab) (111 km)**

Die Fahrt auf der Adriamagistrale an der Ostküste des Kvarnergolfs bietet großartige Ausblicke auf Buchten und Inseln im Schutz des Karstgebirges. Von Senj aus geht es hinauf zu den Wasserwundern der Plitwitzer Seen, und vom Routenendpunkt Jablanac ist es nur ein Katzensprung zur Insel Rab. Die Route ist in zwei Tagen zu bewältigen; wer unterwegs eine Bleibe sucht, findet sie in Crikvenica und seinen Satelliten-Badeorten, in Plitvice oder in Senj.

5
Seite 77

Die Fahrt auf dieser Strecke ist interessant und abwechslungsreich, aber nicht ungefährlich: Das ganze Jahr über herrscht dichter Verkehr, und besonders in der Urlaubszeit stauen sich oft kilometerlange Autoschlangen. Wenn bei Regen eine Schmiere aus Staub, Salz und Wasser auf der Fahrbahn entsteht, ist – besonders in den Kurven – größte Vorsicht geboten. Und die vom Küstengebirge in heftigen Böen herabstoßende Bura hat schon manchen Wagen den Abhang zum Meer hinuntergeblasen.

Nach Kraljevica

Man verläßt **Rijeka* (s. S. 34) durch die Industrievorstadt *Sušak* und erreicht bald eine Aussichtsplattform, von der sich ein herrlicher Blick über die tiefe Bucht von Bakar öffnet. Unterhalb der Straße liegt das altertümliche Städtchen **Bakar,** Sitz einer Seefahrerschule und einst Konkurrent des Hafens von Rijeka. Die Ostseite der Bucht ist von alten Weinbauterrassen zerfurcht, denn noch vor dreißig Jahren galten die 88 mühsam in Jahrhunderten aufgebauten Stufen im Berghang als besonders gute Weinlage. Aus den hier gezogenen Reben wurde der Sekt Bakarska vodica („Bakarer Wässerchen“) gekeltert. Der Weinbau ist längst nicht mehr rentabel, die Terrassen verwildert. Heute wird der Sekt mit dem alten Flaschenetikett von einer Firma in Rijeka aus verschiedenen Rebsorten zusammengebraut.

Die Bewohner des Dorfes *Bakarac* gegenüber von Bakar lebten früher vom Thunfischfang. Am Ufer der Bucht stehen noch die Tunara genannten Leitern, von denen aus der Zug der begehrten Fische beobachtet wurde.

**Adriamagistrale

Am Ortsende der Stadt Rijeka beginnt eine der wohl landschaftlich schönsten Küstenstraßen Europas, die Jadranska Magistrala. Sie folgt fast durchgängig der reich gegliederten Küste Kroatiens und Montenegros bis Ulcinj an der albanischen Grenze (821 km).

Den Ausgang der Bucht von Bakar bewacht das Städtchen **Kraljevica,** 22 km, mit gleich zwei Festungen: Am Ufer steht *Stari grad,* die Alte Burg, ein Renaissanceschloss der Frankopanen; darüber erhebt sich *Novi grad,* die Neue Burg, die sich um die Mitte des 17. Jhs. die Fürsten Zrinski (Zrínyi) erbauten. Fran Krsto Frankopan zettelte zusammen mit Peter Zrinski eine ungarische Adelsverschwörung gegen Kaiser Leopold I. an – die Aufständischen wurden 1671 hingerichtet. Unter dem italienischen Namen Porto Rè („Königshafen“) war Kraljevica (kralj heißt König) vor dem Ausbau von Rijeka Zentrum des ungarischen Seehandels, heute zeugt nur noch eine kleine Werft von der einstigen Bedeutung des Ortes.

Gleich hinter der Stadt gelangt man zu einer Abzweigung, die zur Brücke auf die Insel Krk (s. S. 83) führt. Die Magistrale verläuft oberhalb des *Vinodolski kanal* zwischen dem Festland und Krk weiter. Unterhalb der Straße beginnt mit den Villen von *Jadranovo* die Riviera von Crikvenica. Hotels, Restaurants, Ferienwohnungen und Campingplätze reihen sich auf fast 20 km Länge bis hinter Novi Vinodolski aneinander.

Der geschützte Hafen und eine Marineschule machten Bakar zu einem bedeutenden Städtchen

* Crikvenica und Selce

Der Ort *Dramalj* geht schon in die Stadt * **Crikvenica,** 37 km, über. Das bedeutendste Seebad im Norden der kroatischen Küste hat heute 6500 Einwohner. Früher bildetete der Thunfischfang die Existenzgrundlage für die Menschen: Im Jahr 1881 wurden 147 Berufsfischer verzeichnet, und noch 1912 lagen 300 Segel- und Ruderboote im Hafen. Auf ihren Fangzügen kamen die Crikvenicer bis in die Straße von Otranto zwischen Italien und Albanien. Ein Fischer war es auch, der 1888 eine Badeanstalt eröffnete, und 1895 wurde das erste Hotel, das noch heute bestehende Therapia, erbaut. Bald fand sich hier die bessere Gesellschaft Wiens ein, es kamen auch Erzherzöge und so manches gekrönte Haupt.

Gegenüber der alten Festung von Kraljevica: Öltanks und Rijeka

Crikvenica ist durch 300 m hohe Berge vor kalten Nordwinden geschützt. Es besitzt einen flachen, zwei Kilometer langen und gut ausgestatteten Strand, gepflegte Parks und Einrichtungen für Thalassotherapie zur Behandlung von Erkrankungen der Atmungsorgane. Die neueste Attraktion des Urlaubsorts ist ein Aquarium mit Tieren der Adria und exotischer Meere (Vinodolska 8; ⏲ im Sommer tgl. 9–20 Uhr).

i Turistička zajednica, Trg Stjepana Radića 1, 51260 Crikvenica, ☎ 051/241-051, FAX 241-151.

Schon 1895 wurde in Crikvenica das Kurhotel Therapia erbaut

5
Seite 77

Palace Therapia, Ulica Braće Buchhoffer, ☎ 785-063, ℻ 785-072. Das schönste Haus am Platz wurde zwar schon 1895 erbaut, es ist aber auf dem modernsten Stand; Kureinrichtungen. $$$

Kaštel, Frankopanska 22, ☎ 241-044, ℻ 241-490. In einem ehemaligen, im 15. Jh von den Frankopanen dem Paulinerorden gestifteten Kloster; eigener Badestrand. $$

Moslavina, Ulica Braće dr Sobol 9, ☎ 783-456. Obwohl nach einer ostkroatischen Landschaft benannt, serviert man hier gute Adria-Fischgerichte. $$

Die Seepromenade Šetaliste Vladimira Nazora verbindet Crikvenica mit dem kleineren Seebad **Selce,** dessen Häuser sich von einer Bucht einen sanften Hang hinaufziehen.

Selce, Šetaliste Vl. Nazora, ☎ ℻ 051/241-522. Einfaches Hotel an der Seepromenade. $

⚠ **Autocamp Selce,** Šetaliste Vl. Nazora, ☎ 241-486, ℻ 241-802. Großer Platz, vom Strand durch die Seepromenade getrennt.

Konoba Toć, Šetaliste Vl. Nazora, ☎ 241-522. Einheimische Gerichte in gemütlichem Ambiente, an der Seepromenade. $$

5

Seite 77

Novi Vindolski

Das Örtchen, 47 km, wird meist nur Novi genannt, der neue Ort im Vinodol, nachdem der alte von Venezianern zerstört worden war. Bei dem ruhigen und gepflegten Seebad endet das Weintal, eine 25 km lange Oase in der Karstlandschaft der Küste. Im Mittelalter war dieser Landstrich das Herz des Fürstentums der Frankopanen. Die Altstadt von Novi bietet vom Meer und vom Hafen aus das Bild einer klassischen Adriasiedlung: Die Häuser sind stufenweise den Hang hinaufgebaut, darüber ragt der hohe Glockenturm der Pfarrkirche **St. Philipp und Jakob** *(Sveti Filip i Jakov)* auf. Im Kastell der Frankopanen kann man ein gut ausgestattetes Heimatmuseum besuchen (🕓 tgl. 8–13 Uhr), von seinem Turm aus bietet sich eine schöne Aussicht auf Meer, Inseln und ins Vinodol.

Turistička zajednica, Kralja Tomislava 6, 51250 Novi Vinodolski, ☎ ℻ 051/244-306.

Lišanj, ☎ 244-022, ℻ 244-329. Das um die Jahrhundertwende errichtete Traditionshotel wurde neu gestaltet und erweitert, es liegt an einem breiten Strand mit Pool. $$

Zagori, ☎ 224-122, ℻ 224-622. Weitläufige, ruhige Hotelanlage, nördlich von Novi, von Wald umgeben. $$

⚠ **Zagori,** ☎ 244-644, ℻ 244-622. Ebenfalls nördlich des Orts im Wald, am Strand.

Bei Novi Vindolski erweitert sich die bis hierher Vinodolski kanal genannte Wasserstraße zwischen dem Festland und der Insel Krk zum *Velebitski kanal.* Der Kanal erstreckt sich längs der Inseln Krk, Rab und Pag bis nach Norddalmatien.

Senj

Die Straße umgeht nun die tiefe Bucht *Žrnovnica* und führt nach dem Ort *Klenovica* weiter am Meer entlang bis Senj, 71 km. Die älteste Stadt Kroatiens ist eine illyrische Gründung. Nach den Mongoleneinfällen gab der ungarisch-kroatische König Bela IV. die Stadt den Frankopanen zum Lehen. Durch Handel zu Wohlstand gekommen, erlebte Senj damals eine Blütezeit, in der viele repräsentative Gebäude entstanden. Im Jahr 1526 wurde es wegen der türkischen Überfälle einem von den Habsburgern eingesetzten Stadthauptmann unterstellt. Von hier aus führten die Uskoken genannten Flüchtlinge aus dem Landesinnern einen erbitterten Kleinkrieg gegen die Osmanen. Später führte der Niedergang von Handel und Küstenschifffahrt dazu, dass die Stadt völlig verödete.

*Nehaj

Die trutzige Burg („Fürchte nichts“), die von 1551 bis 1558 auf einem Hügel über der Stadt errichtet wurde, ist mit ihren Ecktürmen Wahrzeichen von Senj. Um freies Schussfeld und zugleich Baumaterial zu gewinnen, ließ der Stadthauptmann Ivan Lenković Kirchen, Klöster und andere Gebäude ringsum niederreißen. Die renovierte Festung enthält ein Museum mit alten Waffen und Trachten (🕓 Mai bis Okt. tgl. 9–14 Uhr, Juli u. Aug. auch 18 bis 21 Uhr).

Trg Marka Balena und Umgebung

Trotz schwerer Zerstörungen durch Bombenangriffe im Zweiten Weltkrieg besitzt Senj noch schöne alte Häuser aus der Uskokenzeit und den Jahrhunderten davor. Der eindrucksvollste Platz ist der **Trg Marka Balena,** im Volksmund Velika Placa, der „Große Platz“, mit dem Kastell der Frankopanen und dem Stadttor, an dem die 1779 vollendete Josephinische Straße von Wien her endete. Norditalienisch mutet die romanische Fassade der **Kathedrale St. Maria** aus dem 11. Jh. an. Im **Palais Vukasović** (15. Jh.) ist das Stadtmuseum untergebracht. Erhalten sind auch noch Teile der Stadtbefestigung, darunter der gedrungene *Papstturm (Leonova kula)* von 1510.

Senj wird bei Burawetter vor allem im Winter besonders stark von dem Fallwind heimgesucht. Der Vratnikpass (698 m) zwischen den Küstengebirgen Kapela und Velebit wirkt wie eine Düse, die die kalten Luftmassen ansaugt und verstärkt. Eine Straße, die ehemalige Via Josephina, führt zum Pass hinauf und weiter zu einer der großen Sehenswürdigkeiten Kroatiens, den Plitwitzer Seen.

An der Riviera von Crikvenica liegt das ruhige Seebad Selce

Zum Schutz gegen Türkeneinfälle errichtet: die Burg Nehaj in Senj

Den Hafen von Senj schützte der noch gut erhaltene Papstturm

Von Jablanac aus verkehrt eine Autofähre hinüber zur Insel Rab

5

Seite 77

Turistička zajednica, Stara cesta 2, 51270 Senj, ☏ 0 53/881-068, FAX 881-219.

Nehaj, ☏ 881-285, FAX 881-115. Einfaches Hotel am Hafen neben der Autobusstation. $

Durch eine weithin einsame Karstlandschaft verläuft die Küstenstraße oberhalb der Ortschaften *Jurjevo, Lukovo* und *Starigrad* weiter nach Süden, vorbei am Südende der Insel Krk mit Blick auf die kahlen Ostseiten der Eilande Prvić, Grgur, Goli und Rab. Von *Jablanac,* 111 km, verkehrt die Autofähre zur Anlegestelle Mišnjak an der Südspitze der Insel Rab (s. S. 89). Hinter Jablanac schneidet die Bucht ***Zavratnica** tief ins Land hinein. Sie ist ein im Jahr 613 durch die Auswirkungen eines Erdbebens ertrunkenes Tal.

Von Jablanac sind es noch 126 km zur Hauptstadt Norddalmatiens, ** *Zadar.*

Die Uskoken von Senj

Im 16. Jh., dem Höhepunkt der Macht des Osmanischen Reichs nicht nur auf dem Balkan, ließen sich auf venezianischem und österreichischem Gebiet Flüchtlinge aus Dalmatien, Bosnien und Serbien nieder. Man nannte sie Uskoken, die Entsprungenen. Zentrum ihres Widerstands gegen die Türken war zuerst die Festung Klis (Clissa) bei Split. Als diese fiel, zogen sie nach Senj, und von hier aus führten sie einen erbitterten Kleinkrieg gegen die Türken, zu Wasser und zu Land. Als sie aber – verstärkt von Abenteurern aus ganz Europa – dazu übergingen, auf eigene Rechnung Seeräuberei zu treiben und dabei auch nicht die Schiffe der verbündeten Venezianer verschonten, Dörfer und Städte in Istrien überfielen und plünderten, kam es wegen ihnen 1615 zum Krieg zwischen der Handelsrepublik und den Kaiserlichen, unter deren Schutz sie standen. Nach dem Friedensschluss, der 1617 in Madrid unterzeichnet wurde, siedelte man die räuberischen Uskoken ins Landesinnere und nach Istrien um, wo sie gezwungen waren, ein friedliches Leben als Bauern zu führen.

** Nationalpark Plitwitzer Seen

Von *Senj* (s. S. 72) aus geht es auf einer gut ausgebauten Straße ins Gebirge hinauf zu einem großartigen Naturschauspiel: der Seenplatte von Plitwitze (Plitvice), den Plitwitzer Seen (Plitvička jezera). Die Straße erklettert zunächst in Serpentinen den *Vratnikpass* (698 m; Motel Vratnik), wo sich ein weiter Blick auf die Adria und die drei großen Inseln Krk, Rab und Cres bietet. Über die Hochfläche des *Gačko polje* führt sie nach *Otočac* am Karstfluss Gačka. In *Čovići* zweigt links die Zufahrtsstraße zum Nationalpark ab.

Die Region gehörte zur österreichischen Militärgrenze, das damals türkische Bosnien liegt nur 10 km in der Luftlinie entfernt. Im 16. und 17. Jh. wurden hier serbische Wehrbauern angesiedelt. Als die Krajina-Serben und die jugoslawische Armee im Bürgerkrieg kroatische Verbände vertreiben wollten, kam es Ostern 1991 zu Kämpfen im Plitwitzer Seengebiet. Im Herbst 1995 eroberte die kroatische Armee die Region zurück. Die bei den Auseinandersetzungen entstandenen Schäden sind weitgehend beseitigt, der Nationalpark ist wieder zugänglich.

Das Gebiet besteht aus 16 übereinander liegenden Seen verschiedenster Größe, die durch Wasserfälle und Kaskaden aus Tuff miteinander verbunden sind. Der oberste See liegt in einer Meereshöhe von 639 m, 156 m tiefer ergießt sich der unterste in den Fluss Korana (483 m). Die zwölf oberen Seen sind von dichtem Buchenwald umgeben und von stiller Schönheit, die unteren,

5

Seite 77

versteckt zwischen senkrecht abfallenden Felswänden, wildromantisch. Der größte See ist der *Kozjak* unterhalb der Hotelsiedlung *Velika Poljana*, er ist zweieinhalb Kilometer lang, bis zu 600 m breit und bis zu 49 m tief. Im höchsten Wasserfall stürzt der Bach Plitvica 76 m tief hinunter.

In den dicht bewaldeten Bergen, die in den 196 km² großen Nationalpark einbezogen sind, leben noch Bären und Wölfe, Wildkatzen und Fischotter, Adler und Geier.

Mit Ausnahme der Durchgangsstraße dürfen die Wege im Nationalpark nicht befahren werden. Parkplätze gibt es bei den beiden Eingängen *Velika Poljana* und *Medvedjak* (Eintrittsgebühr), auch ein Supermarkt ist vorhanden. Von der Hotelsiedlung Velika Poljana aus verkehrt eine Panoramabahn zu den oberen und unteren Seen.

Auf schmalen Stegen entlang und zwischen den Seen können Wanderer bequem alle Wunder des grünen Wassers, die Wasserfälle und Höhen erreichen. Elektroboote und Barken setzen die Besucher über den Kozjak, den einzigen See, in dem man baden darf.

Nacionalni Park Plitvička jezera, 23431 Plitvička jezera, ☎ 053/751-015, FAX 751-013, www.np-plitvice.tel.hr.

Nächste Bahnstation Vrhovine an der Strecke Zagreb (Rijeka) – Split.

Busverbindungen mit Senj, Karlovac (Zagreb), Zadar.

Jezero, ☎ 751-400, FAX 751-600. Elegantes und komfortables Haus mit Seeblick, vorbildlich renoviert, Hallenbad, ausgezeichnetes Restaurant ganzjährig geöffnet. ($)
Plitvice, ☎ 751-100, FAX 751-165. Ältestes der drei Hotels, 1996 renoviert mit Blick auf den Kozjaksee. ($)

⚠ **Korona,** 751-888, 751-882. Welliges, teils naturbelassenes Wiesengelände mit Büschen und Bäumen.

Die Wasserfälle und die Karstseen von Plitwitze gehören zu Europas größten Naturschauspielen

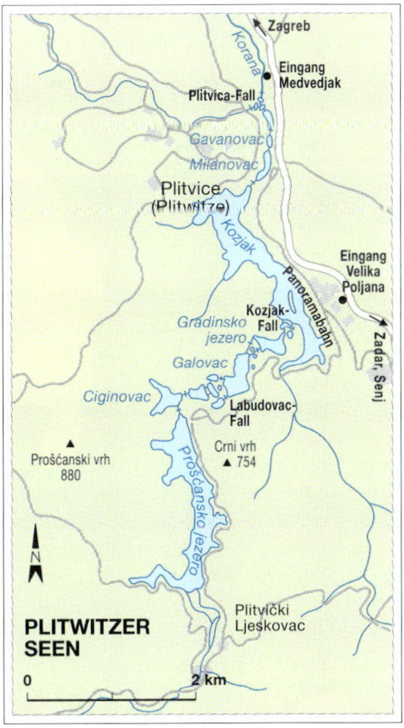

5
Seite 75

Die Inseln *Cres und **Lošinj

Seite 77

Zwei schlanke Schwestern

Auf der Landkarte erinnert das seltsame Inselgebilde, das sich von der Bucht von Rijeka aus weit nach Süden hinzieht, an ein bizarres Insekt oder an einen wunderlichen Fisch aus den tiefsten Gründen des Meers: Die beiden Schwesterinseln Cres und Lošinj waren in grauer Vorzeit miteinander verbunden, bis Illyrer und Römer von Sklaven einen Graben ausheben ließen – heute führt eine Drehbrücke über den Kanal. Wie eine Barriere liegen die Inseln zwischen der offenen Adria und dem inneren Kvarnerbecken; sie sind von einem Gefolge kleinerer Eilande umgeben. Auf Cres und Lošinj gibt es viele idyllische Städtchen und Dörfer zu entdecken, an Badeorten ist kein Mangel.

Von der Bucht Brestova (s. S. 48) setzt die Autofähre über die Meerenge Vela Vrata („Großes Tor") nach dem kleinen Hafen Porozina auf der Insel Cres über, von Valbiska auf Krk verkehrt eine andere nach Merag nahe dem Ort Cres. Mali Lošinj ist mit Pula und Zadar durch eine Autofähre verbunden.

Die Insel *Cres

Der Nordteil der Insel reicht weit in den Kvarnergolf zwischen Istrien und der Insel Krk hinein, der Südteil wird im Osten durch die Wasserstraße Kvarnerić von den Inseln Rab und Pag getrennt. Zwischen Istrien und Cres liegt die Meerenge Vela Vrata („Großes Tor"), die Srednja Vrata („Mittleres Tor") zwischen Cres und Krk. Der Norden und der Osten von Cres sind der Bura ausgesetzt und deshalb kahl und unfruchtbar. Im Süden und Westen dagegen gedeihen Oliven, und zwischen Steinmauern weiden Schafe. Die Insel hat rund 3200 Einwohner, die meisten leben von der Landwirtschaft, der Fremdenverkehr spielt eine geringere Rolle als auf dem lebhaften Lošinj.

Zweitgrößte Adria-Insel

Mit 404 km² ist Cres (ital. *Cherso*) nach der um nur sechs Quadratkilometer größeren Nachbarin Krk die zweitgrößte Insel der Adria. In Nord-Süd-Richtung ungemein lang gezogen, hat sie eine Länge von 68 km, erreicht dabei aber nur eine Breite von zwei bis zwölf Kilometern.

Nach *Beli

Von *Porozina*, wo die 77 km lange Asphaltstraße durch Cres und weiter nach Mali und Veli Lošinj ihren Anfang nimmt, fährt man zunächst an Bergflanken entlang hinauf und hinunter, vorbei an dem idyllischen Dörfchen *Dragozetići* und dem höchsten Inselberg *Gorice* (648 m) zur Abzweigung nach ***Beli** (7 km).

Der Ort thront in 130 m Höhe auf einem Hügel und hat nur noch etwas über 40 Einwohner. Die Römer sollen ihn Caput insulae genannt haben, Haupt der Insel, und so heißt auch ein wissenschaftliches Zentrum, das jeden Juli und August eine Ausstellung über die hier lebenden Gänsegeier (s. S. 80) organisiert. Von der Pfarrkirche *St. Maria (Sveta Marija)* auf dem höchsten Punkt öffnet sich ein weiter Blick aufs Meer und die Insel Krk.

⚠ **Brajdi,** ☏ 051/840-522. Der kleine Platz in einem schattigen Olivenhain liegt im Hafen *Pod Beli* (pod heißt unterhalb) zu Füßen des Ortes Beli.

Inselmetropole Cres

Knapp 24 km hinter Porozina ist der Hauptort Cres (2300 Einw.) erreicht. Hinter dem Hafenbecken *Mandrač* wird

ROUTE 5, INSELN KRK, CRES, LOŠINJ UND RAB
0
10 km
N
Opatija
Rijeka
Bakar
Fužine
Lovran
Bakarac
Kraljevica
Sv. Marko
Riječki zaljev
Omišalj
Jadranovo
Kačjak
Dramalj
Crikvenica
Biserujka
Rudina
Vinodolski kanal
Selce
Njivice
Klimno
Novi Vinodolski
Šilo
Dobrinj
Klenovica
Vela Vrata
Brestova
Porozina
Malinska
Porat
Beli
Gobonjin
Kras
Risika
Krk
Glavotok
648
Dragozetići
Vrbnik
Milohnići
Velebitski kanal
Vrh
Plitwitzer Seen
Predošćica
Valbiska
Krk
Punat
Vodice
Bašćanska Draga
568 Obzova
Senj
Merag
Plavnik
Baška
Cres
Stara Baška
Kvarner
Jurjevo
Prvić
Valun
Lubenice
Grgur
Cres
Goli
Vransko jezero
Lopar
Vrana
Martinšćica
Starigrad
Kvarnerić
Supetarska Draga
Kampor
Rab
408
Štivan
Belej
Rab
Barbat
Ustrine
Dolin
Mišnjak
Jablanac
Osor
Lun
Unije
Televrina 589
Dolfin
Nerezine
Prizna
Sv. Jakov
Punta Križa
Unije
Pogana
Stara Novalja
Ćunski
Pula
V. Srakane M.
Kurila
Lošinj
Novalja
Pag
Mali Lošinj
Veli Lošinj
Susak
Susak
V. Orjule M.
Sv. Petar
Ilovik
Ilovik
Zadar

Seite 77

vormittags auf dem Hauptplatz vor der *Loggia* und dem *Uhrturm* ein farbenfroher Markt gehalten. Die Bauern verkaufen frisches Obst und Gemüse, Honig und Öl. Durch den Uhrturm gelangt man zum ehemaligen Dom **Maria Schnee** *(Sveta Marija Snježna)* aus dem 15./16. Jh. mit einem eindrucksvollen Portal und dem Campanile (17. Jh). Nahe dem Hafen prunkt das **Palais Arsan-Petrić** in venezianischer Gotik. Es enthält das Stadtmuseum mit einer Sammlung antiker Amphoren, die Taucher aus dem Meer geholt haben (🕓 tgl. 9–11 und 19–22 Uhr).

Seite 77

In den Gassen entdeckt man elegante gotische Patrizierhäuser, und auch die *Stadtmauer* samt zweier Tore (natürlich mit dem Markuslöwen) ist noch teilweise erhalten. Etwas außerhalb der Altstadt steht das 1250 gegründete **Franziskanerkloster** mit der Kirche St. Franziskus (Sveti Franjo; 16. Jh.), die ein meisterhaft geschnitztes Chorgestühl besitzt. Die tiefe Bucht südlich der Stadt dient heute als gut geschützter Jachthafen; der Kiesstrand *Kimen* liegt im Norden.

i Turistička zajednica, Riva Creskih, Kapetana, 51557 Cres, ☎ FAX 051/571-535.

Rijeka, Mali Lošinj.

Kimen, ☎ 571-161, FAX 571-163. Komfortable Anlage am Strand. $

Cres, am Hafen, ☎ 571-161, FAX 571-163. Ältestes Hotel der Insel, sehr einfach. $

⚠ **Kovačine** ☎ FAX 571-423. Westlich der Stadt gelegen hinter einem Vorgebirge, an einem langen Strand mit Oliven- und Strandkiefernhain; FKK-Abschnitt.

Amfora, Trg Frane Petrić 5, ☎ 571-288. In Hafennähe; Spezialität sind die fangfrischen Fischgerichte. $

Nordöstlich der Stadt Cres, hinter den über 300 m hohen Bergen, legt am Hafen *Merag* (10 km) an der Ostseite der Insel die nach Valbiska auf der Insel Krk verkehrende Autofähre ab.

Valun und *Lubenice

Obwohl **Valun** mit knapp 70 Einwohnern nicht zu den großen Ortschaften der Insel gehört, ist das noch ziemlich ursprünglich erhaltene Fischerdorf wegen seiner schönen Strände und der idyllischen Uferpromenade in der Saison immer voll mit Gästen belegt.

Toš Juna, ☎ 051/571-161. In einer alten Ölmühle *(toš)* am Hafen. $

Eine steile Straße (5 km) führt von Valun aus in das auf einem schroffen Felsen gelegenen ***Lubenice** in 378 m Höhe. Die uralte Siedlung über dem Meer ist kaum noch bewohnt, dafür aber eine Attraktion für Touristen, die hier die phantastische Aussicht und das malerische Ortsbild bewundern.

Vom Vranasee nach Punta Križa

Die Fahrt nach Süden auf der Hauptstraße führt vorbei am **Vranasee** *(Vransko jezero)*. Der fischreiche Süßwassersee (5 km lang und 1,5 km breit) ist bis zu 84 m tief, sein Grund liegt 60 m unter dem Meeresspiegel. Der See versorgt die Inseln Cres und Lošinj mit Trinkwasser und ist deshalb nicht zugänglich. Kurz hinter dem Ort *Vrana* zweigt rechts eine Straße ab zum Küstenort *Štivan* und weiter nach **Martinšćica.** Die ehemalige Fischersiedlung hat sich zu einem Badeort mit Villen, Wochenendhäuschen und vielen Privatquartieren entwickelt.

Musikabende von Osor

Ein Ohrenschmaus für Klassikfans sind die hervorragenden klassischen Konzerte, die in der Marienkathedrale von Osor alljährlich im Juli und August veranstaltet werden.

⚠ **Autocamp Slatina,** 51556 Martinšćica, ☎ 051/574-127, FAX 574-167. Gut ausgestatteter Platz im Wald mit Felsstrand und einer Kiesbucht.

An *Belej* (links) vorbei und an *Ustrine* (rechts), das 180 m hoch über einer Badebucht liegt, erreicht die Straße 59 km hinter Porozina die Stadt Osor an der Nahtstelle der Inseln Cres und Lošinj. Eine Nebenstraße (11 km) verläuft durch den mit Steineichen bewachsenen und von Macchia begrünten Südzipfel der Insel Cres nach **Punta Križa**. Jenseits der Meerenge Kvarnerić sind hier bereits im Osten die Umrisse der Insel Pag auszumachen.

⚠ **Bokinić-Baldarin,** 51554 Punta Križa, ☎ 051/235-646, FAX 235-647. Guter Platz in herrlicher Landschaft, mit FKK-Abschnitt.

Am Hafenbecken von Cres stehen Uhrturm und Loggia

Seite 77

*Osor

Die Stadt bewacht die Nahtstelle zwischen Cres und Lošinj, die früher durch eine Landenge miteinander verbunden waren. Heute wohnen hier ständig noch etwa 70 Menschen. Dafür zieht jeden Sommer neues Leben ein: Sommerfrischler haben die verfallenen Häuschen wieder aufgebaut, durchreisende Touristen und Urlauber vom nahen Zeltplatz kommen zum Bummeln oder Kaffeetrinken, und Künstler stellen in Läden und Galerien ihre Werke aus.

Zu den Karstwundern gehört auch der Vranasee auf Cres

Den *Hauptplatz* beherrscht der ehemalige Dom **St. Maria** *(Sveta Marija)* aus dem 15. und 16. Jh. mit seinem prächtigen Renaissanceportal. Das alte **Rathaus** mit dem Uhrturm ist jetzt Museum, die Loggia wird unten als Lapidarium, im Stockwerk darüber als archäologische Sammlung genutzt (🕓 im Sommer tgl. 9–11 und 18–21 Uhr). An vielen Stellen hat man Skulpturen zum Thema Musik aufgestellt, zu denen Kroatiens berühmtester Bildhauer Ivan Meštrović (1883–1962)

Musikstadt Osor: Harmonie von Stein und Bronze vor dem Dom

eine Flötenspielerin beigetragen hat. In dem einst größeren Stadtgebiet kann man noch einige verfallene Kirchen aus romanischer Zeit, Teile der Stadtmauern und eine Zisterne entdecken.

Seite 77

⚠ **Bijar,** 51 542 Osor, ☎ 051/237-027, 📠 237-007. Idyllischer Zeltplatz in einer Bucht mit Kiefernwald; wenig Raum für Wohnmobile und -wagen.

Bufet Osor, 51 542 Osor 32, ☎ 051/237-167. Gartenlokal mit sehr guter Fischküche und Pizzen. ($)

Die Insel ** Lošinj

Anders als das von der Bura heimgesuchte Cres ist die südliche Schwesterinsel Lošinj von der Natur verwöhnt und von den Menschen aufgepäppelt worden: Sie rühmt sich durchschnittlich 300 wolkenloser Tage im Jahr, und sogar im Winter ist das Klima viel milder, die Vegetation üppiger. Als die Insel gegen Ende des 19. Jhs. als Winterkurort entdeckt wurde und sich das Geschäft mit dem Tourismus ankündigte, begann man mit der Wiederaufforstung der in der Vergangenheit abgeholzten und zu Macchia und Schafsweiden verkommenen Wälder.

Lošinj (ital. Lussin) ist mit 75 km² um einiges kleiner als Cres, 31 km lang und bis zu 5 km breit, hier leben 8500 Menschen. Auf den landwirtschaftlich genutzten Flächen gedeihen neben Oliven, Gemüsen, Obst und Wein auch allerlei Heilkräuter. Die beiden größeren Siedlungen auf der Insel sind der Hauptort Mali Lošinj, dem Namen nach der kleinere (mali heißt klein), und das ältere Veli Lošinj (veli heißt groß), aber Mali hat Veli längst an Größe und Bedeutung überflügelt.

Von **Osor* (s. S. 79) aus kommt man über die Drehbrücke, die zweimal täglich für den Schiffsverkehr geöffnet wird, auf die Insel Lošinj und zum kleinen Hafen *Nerezine*. Über dem Ort erhebt sich der steile Kegel des höchsten Inselbergs, des ***Televrina** (589 m); der Aufstieg (2 Stunden) wird durch einen zauberhaften Blick auf die großen und kleinen Eilande ringsum, nach Istrien und bis zum Velebitgebirge belohnt.

* Mali Lošinj

Der Ort (79 km von Porozina, 55 km von Cres, 21 km von Osor) ist mit 6600 Einwohnern der größte auf den Kvarnerinseln und ein bedeutender Badeort.

Die kleine, im 14. Jh. gegründete Siedlung besitzt einen geschützten Hafen und bot damit ideale Bedingungen für die Entwicklung der Seefahrt. Mali Lošinj bekam eine Marineschule, Schiffswerften wurden gegründet, und im 19. Jh. herrschte großer Wohlstand unter Reedern und Schiffskapitänen, die sich im Ort prunkvolle Häuser leisten konnten. Als die Zeit der eleganten Segler ausklang und das Dampfschiff die Meere eroberte, schien es mit der Stadt abwärts zu gehen. Die Rettung brachte der Fremdenverkehr: Zuerst diente Mali Lošinj als Winterkurort für Adel und reiches Bürgertum, dann – vor allem nach dem Zweiten Weltkrieg – wurde es für den modernen Badetourismus entdeckt.

Die Adler von Cres

König der Lüfte über den Inseln des Kvarner und über den Felswüsten des Velebitgebirges ist der Gänse- oder Weißkopfgeier. Der riesige Vogel mit der weißen Halskrause hat eine Flügelspannweite von bis zu 2,60 m. Wegen seines rötlich gelben Gefieders nennen ihn die Zoologen Gyps fulvus, bei den Einheimischen heißt er einfach *orel*, also Adler. Besonders am Morgen und am Abend sieht man die Aasfresser hoch am Himmel kreisen, sie halten Ausschau nach verletzten oder kranken Schafen auf den Bergweiden. In den Felsen von Cres nisten etwa 60 Paare, andere haben ihr Brutgebiet auf der Insel Privić.

Oberhalb des Hafenbeckens, das von stattlichen Häusern umstanden ist, ragt die Pfarrkirche **Sveta Marija** mit ihrem venezianischen Glockenturm in den blauen Himmel. Von hier aus hat man einen weiten Blick über Insel und Meer. Am Hafenausgang ankern Hunderte weißer Boote in der *Marina*.

Tipp Westlich der Stadt liegt als Hotelvorort an einer von den Halbinseln *Punta Čikat* und *Punta Anuncijata* umschlossenen herzförmigen Bucht das Seebad ***Čikat.** Es ist einer der schönsten, allerdings auch überlaufensten Badeplätze der nördlichen Adria. In einer der zahlreichen Buchten versteckt sich das Nudistenparadies *Sunčana uvala* („sonnige Bucht") mit einer Hotelsiedlung.

Seite 77

Von weitem zu sehen ist der Berg Televrina auf Lošinj

Über dem Hafen von Mali Lošinj: der Kirchturm von Sveta Marija

i Turistička zajednica, Riva Lošinjskih kapetana 29, ☎ 051/231-884, FAX 231-547, Internet: www.tz-malilosinj.hr

Bus: Cres, Rijeka, Pula.

Flug: Flughafen auf der Halbinsel Kurila; Charterflüge.

Schiff: Autofähren Mali Lošinj–Silba–Zadar und Pula–Mali Lošinj–Silba–Zadar; Rundfahrt Mali Lošinj–Susak–Mali Lošinj.

Ein wichtiger Wirtschaftszweig auf Lošinj: die Fischerei

Alhambra, ☎ 232-022, FAX 231-904. Das 1902 in maurischem Stil erbaute Traditionshaus an der Čikatbucht ist empfehlenswert, nicht zuletzt wegen seiner ruhigen Lage. $

Bellevue, Čikatbucht, ☎ 231-222, FAX 231-268. Im dichten Grün versteckt, gleich beim Strand. $

⚠ **Poljana,** ☎ FAX 231-726. An der Landenge Privlaka nördlich der Stadt, im Pinienwald zwischen Straße und Strand.

Čikat, ☎ 232-125, FAX 231-708. Schattige Terrassenplätze, Felsstrand und Kiesbuchten.

Die Insel ist reich an schönen und schattigen Buchten

Barakuda, Priko 31, ☎ 233-309. Leckere Fischgerichte bekommt man in diesem Skippertreff am Hafen. $

Pizzeria Draga, Brace Vidulika 77, ☎ 231-132. Für Liebhaber italienischer Küche und von Pizzen. $

Seite 77

*Veli Lošinj

Auf einer gewundenen Straße (3 km), aber auch auf einem schönen Fußweg entlang der Küste kommt man nach Veli Lošinj (1000 Einw.). Es liegt an einer tief eingeschnittenen Bucht, die dem *Kvarnerić* genannten Teil des Golfs zugewandt ist, und hat sich seinen mediterranen Charme bewahrt.

Pinakothek St. Anton

Die Pfarrkirche St. Anton *(Sveti Antun)* in Veli Lošinj überragt den winzigen Hafen. Sie wurde um 1450 erbaut und im 18. Jh. durch Schenkungen der reichen Reeder und Kapitäne barockisiert. Mit seinen zahlreichen venezianischen Gemälden ist das Gotteshaus eine wahre Pinakothek.

Um das innerste Hafenbecken, den *Mandrać,* gruppieren sich die alten Häuser mit Geschäften, Restaurants, Bars, Cafés und Boutiquen, und hinter einem schmalen Platz schaut der **Uskokenturm** von 1455 hervor, der diesen Namen zur Erinnerung an die Überfälle der Piraten von Senj trägt.

Veli Lošinj besitzt üppige Gärten; besonders sehenswert ist das **Arboretum,** ein Park um eine 1885 erbaute Villa, die heute ein Sanatorium ist. Auf der Halbinsel *Punta* sorgt eine gut ausgestattete Hotelanlage mit Tennisplätzen und Pool für das Wohl ihrer Gäste.

Wanderwege führen durch die Bergwelt am Südende der Insel. Ein schönes Panorama genießt man vom Gipfel Pogled (241 m) aus. Der Name bedeutet Ausblick – er hält, was er verspricht.

Hotel-Restaurant Capri, Grbica, ☎ 236-186. Am Rande der Stadt bezaubert das privat geführte Haus mit Pool und Tennisplätzen durch aufmerksame und individuelle Atmosphäre. Im Restaurant delikate italienische Küche mit kroatischem Einschlag. $

Marina, Obala M. Tita 38, ☎ 236-178. Am Hafen gelegenes Lokal, auf Meeresfrüchte spezialisiert. $

Unije und *Susak

Lošinj ist im Westen und Südosten von kleineren, vegetationsarmen, dünn oder gar nicht besiedelten Eilanden umgeben, die vor allem von Campingfreunden, Unterwassersportlern und FKK-Fans aufgesucht werden. Auf keiner dieser Inseln gibt es Autoverkehr.

Unije, die größte dieser Inseln (17 km²), ist ein beliebtes Ausflugsziel von Mali Lošinj aus. Im Süden folgen *Vele* (groß) und *Male* (klein) *Srakane* und Susak. Im Südosten liegen das bergige *Ilovik* (6 km²), genannt „Blumeninsel“, mit 160 Einwohnern, daneben *Sveti Petar* mit Überresten römischer Sommervillen und eines Klosters (11. Jh.) sowie *Vele* und *Male Orjule.*

Als geologisch interessanteste Insel des Archipels gilt ***Susak,** weil sie nicht aus Kalkfelsen, sondern aus Sand und Lehm besteht. Der lössähnliche Sandboden ist sehr fruchtbar und besonders für den Weinbau geeignet. Die Terrassen, auf denen die Reben für den roten Inselwein wachsen, blieben von der Reblaus verschont, die gegen Ende des 19. Jhs. die Weinberge Istriens und Dalmatiens vernichtete. Trotzdem spielt der Weinbau auf Susak heute keine große Rolle mehr. Es leben nur noch rund 150 Menschen hier; viele der Bewohner sind nach Amerika ausgewandert. Zu besonderen Anlässen sieht man noch die alte Frauentracht: minikurze Röcke über gleich drei Unterröcken, und dazu rote Wollstrümpfe.

Die Insel *Krk

Wenig Platz für Boote bietet der enge Hafen von Veli Lošinj

Seite 77

Badefreuden unter dem Wind

Krk hat einen für Nichtslawen schier unaussprechlichen Namen. Aber wer es gelernt hat, zwischen zwei K ein betontes R rollen zu lassen, genießt schon fast das Recht, sich zu den Krćani genannten Bewohnern der Insel zu bekennen. Eine 1309 m lange Brücke verbindet Krk mit dem Festland, der Ostteil bietet den Anblick kahler Karstfelsen, aber den windgeschützten Westen und Süden überzieht ein grünes Pflanzenkleid – hier blühen so beliebte Badeorte wie Njivice, Malinska, Krk, Punat und Baška.

Die Kirche Unserer Lieben Frau von den Engeln bei Veli Lošinj

Die größte Insel der Adria (410 km²; 16 000 Einw.) hat eine Küstenlänge von 190 km, ihre höchste Erhebung ist der Berg Obzova im Süden mit 568 m. Im Ostteil, der aus kahlen Karstbergen und steinigen Hochflächen besteht, wütet vor allem im Winter die Bura. Der Nordwesten wird *Šotovento* (vom italienischen sottovento, „unter dem Wind") genannt, weil hier die Bura ihre verheerende Kraft bereits verloren hat. Deshalb können Mais, Gemüse, Feigen und Oliven gedeihen, Wälder aus Stein- und Zwergeichen wechseln mit Wiesen und Weinbergen ab. In diesem, vom Klima bevorzugten Teil der Insel entstanden die wichtigsten Siedlungen, und im fruchtbaren Tal von Baška im Süden fließt der einzige ganzjährig wasser führende Bach der Kvarnerinseln, die Ričina. Größtes Weinanbaugebiet ist das Feld von Vrbnik, aus dessen Reben ein ausgezeich-

Mit dem Festland ist die Insel Krk durch eine Brücke verbunden

Seite 77

Kleine Schwesterinseln

Die große Insel ist von einigen kleinen Satelliten umgeben: Zwischen der Bucht von Krk und der Nachbarinsel Cres liegen *Plavnik, Mali Plavnik* und die zwei Klippen *Kormati;* vor Stara Baška befindet sich das kleine *Galun,* vor Baška die größere Felseninsel *Prvić* und in der Nähe von Rab sind *Grgur* und *Goli* (s. S. 88) platziert.

neter Weißwein, die trockene Vrbnička Žlahtina, gekeltert wird. Zwischen Fels und Macchia weiden Schafe, deren aromatische Milch einen wohlschmeckenden Käse ergibt.

Krk tritt mit seiner Nordspitze bis auf einen Kilometer ans Festland heran, mit dem es seit 1980 durch die (mautpflichtige) Brücke *Krčki most* (Krker Brücke) verbunden ist. Sie wurde nach vierjähriger Bauzeit unter dem Namen Titov most (Tito-Brücke) drei Monate nach dem Tod des jugoslawischen Präsidenten eingeweiht. Autofähren verkehren von Baška im Süden nach Lopar auf die Insel Rab und von Valbiska im Westen nach Merag auf Cres. Die Hauptstraße Krčka Magistrala führt von der Brücke über Omišalj und den Hauptort Krk nach Baška im äußersten Süden, Nebenstraßen erschließen Badeorte und das Inselinnere.

Von Omišalj nach Malinska

Von der *Krker Brücke* fährt man vorbei am (derzeit verödeten) Flughafen Rijeka nach **Omišalj** (4 km), das sich trotz der petrochemischen Industrie auf der Halbinsel unterhalb des Städtchens (1300 Einw.) seinen alten Charakter bewahren konnte. In der unversehrten Altstadt auf einem 82 m hohen Hügel über der Bucht findet man reizvolle schmale Gässchen und hübsche kleine Gärten. Hinter der romanischen Pfarrkirche ragt der ehemalige Wasserturm empor, in den heute ein Café eingezogen ist. Von hier aus blickt man über die hell glänzenden Öl- und Gasbehälter der Raffinerie hinunter auf die Hotelanlage in der Bucht und auf den Golf von Rijeka.

Wirklich empfehlenswert ist der kleine gastfreundliche Familienbetrieb **Ulivka** (Olive, ☎ 841-004) am Hauptplatz von Omišalj, in dem preiswerte istrische Köstlichkeiten und gute Weine auf den Tisch kommen. ($$)

Njivice (11 km von der Brücke) mit seinen 1100 Einwohnern hat sich vom Fischerdorf zu einem reinen Touristenort entwickelt. Am Ufer reihen sich Cafés, Bars und Restaurants, in einer Bucht verstecken sich weiße Villen hinter Gärten und hohen Bäumen, in der anderen, im Norden, findet der Bade-, Hotel- und Campingbetrieb statt.

Turistička zajednica, Ribarska obala 10, 51521 Njivice, ☎ 051/846-243, FAX 846-116.

Beli Kamik, ☎ 846-222, FAX 846-116. Modernes Ferienhotel, von Wald umgeben, am Strand. ($$$)

Jadran, ☎ 846-118, FAX 846-116. Verschachtelte, gut ausgestattete Hotelanlage am Strand. ($$)

Rivica, Ribarska obala 13, ☎ FAX 846-101. Schattige Terrasse am Hafen, Meeresfrüchte, Fisch- und Fleischspezialitäten. ($$)

Tref, Ribarska obala, ☎ 846-211. Pizzeria am Hafen. ($)

Auf dem *Rajski put* („Paradiesweg") genannten Wanderweg, immer am Ufer entlang und durch Kiefernwald, sind es von Njivice aus etwa eineinhalb Stunden zum nächsten Badeort.

Malinska (18 km) hat den Sprung von einem Seefahrer- und Fischerdorf zum bedeutendsten Seebad der Insel Krk geschafft. Die Ferienanlage *Haludovo* sollte in den Jahren um 1970 Prominenz und Schickeria vor allem aus

Amerika anziehen und Dollars in die Staatskassen von Zagreb und Belgrad fließen lassen. Der Plan schlug fehl, doch Pauschaltouristen erfreuen sich nach wie vor an dem abwechslungsreichen Sport- und Freizeitangebot, darunter ein Spielkasino.

Auf der Westseite der weiten Bucht kommt man zum idyllischen Weiler *Porat*. Oberhalb der einstigen venezianischen Zollstation ist ein Franziskanerkloster (1480) zu bewundern.

Turistička zajednica, Obala 46, 51511 Malinska, ☎ FAX 051/859-207.

Palace, Haludovo, ☎ 859-111, FAX 859-818. Zusammen mit **Tamaris** und den Appartements **Ribarsko selo** (Fischerdorf) am Hotelhafen bietet die renovierungsbedürfte Anlage Sport und Unterhaltung. $$
Adria, Obala, ☎ 859-311, FAX 859-131. Einfaches, aber zentral gelegenes Haus am Hafenbecken. $

Porat, Porat 16, ☎ 859-575. Gemütliche und ruhig gelegene Konoba am Hafen, nördlich des Ortes. $$
Noštromo, L.Bolmarčića 20, ☎ 859-318. Frische Meeresküche unweit der Haludovo-Hotels. $

Zur *Špilja Biserujka

Von Malinska aus (Abzweigung bei der Kirche von Sveti Vid) führt die Straße durchs Inselinnere zur Ostküste. Über die Dörfer *Gabonjin* und *Kras* kommt man nach * *Dobrinj* (9 km), einen altertümlichen Ort.

Zora, Dobrinj 71, ☎ 051/848-250. Gute Inselkost. $

Östlich von Dobrinj senkt sich die Straße hinunter nach *Šilo* am Vinodolski kanal mit einem flachen Strand. Auf der anderen Seite der Meerenge sieht man das Festland-Seebad Crikvenica (s. S. 71). Nördlich liegt an der So-

Unterhalb des Hügels von Omišalj liegen die Hotels

Seite 77

Markuslöwe, Fensterrose und glagolitische Inschrift an der Pfarrkirche von Omišalj

Sonnenhungrige am Felsenstrand beim Badeort Malinska auf Krk

line-Bucht, wo früher Salz gewonnen wurde, das Dorf *Klimno* mit kleinem Jachthafen und einer Austernzucht.

Seite 77

Jenseits der Bucht ist bei Rudine die erst 1997 zur Besichtigung freigegebene Karstgrotte * **Špilja Biserujka** zu bestaunen. Auf unterirdischen Wegen (110 m) erlebt man die phantastische Welt der Stalagmiten und Stalaktiten. (Infos: Šilo-Turist, ☎ 852-203; 🕓 April bis Okt. 10–19 Uhr).

* Vrbnik

Von Dobrinj nach Süden gelangt man über *Risika* ins Tal von Vrbnik mit seinen Weinfeldern, aus deren Trauben der Žlahtina gekeltert wird Der Ort (18 km von Malinska, 31 km von der Brücke) hat von allen Inselstädten die am besten erhaltene alte Bausubstanz. Fast 50 m hoch thront er auf einem senkrecht abfallenden Kalksteinfelsen über dem Meer. In den engen, steilen Gassen kann der Besucher an den Portalen und Balkonen manchen schönen Steinschmuck entdecken.

Die Pfarrkirche **St. Maria** *(Sveta Marija)* aus dem 15. Jh. besitzt eine interessante hölzerne Kassettendecke mit Gemälden. Idyllisch ist auch der kleine Hauptplatz **Placa,** offiziell Placa vrbničkog statuta. Unterhalb der Stadt liegt in einer Bucht der Hafen, daneben ein schmaler Kiesstrand.

Turistička zajednica, 51516 Vrbnik, ☎ 051/857-333, ℻ 857-205.

Argentina, Supec, ☎ 857-138. Kleine Pension direkt über dem städtischen Strandbad. ($)

Nada, ☎ 857-065. Auf der Terrasse hoch über dem blitzblauen Meer ist nicht nur das Panorama ein Genuss, sondern hier munden die Meeresfrüchte und der selbst gemachte *Pršut* gar köstlich. Eines der besten Restaurants auf der Insel. ($$)

Inselmetropole Krk

Auf der Hauptstraße Krčka magistrala geht es nach Süden weiter durchs Inselinnere. Eine Abzweigung führt an die Westküste zur Bucht *Valbiska* (10 km), wo die Autofähre nach Merag auf die Nachbarinsel Cres ablegt.

Weiter südlich erreicht man die in einer weiten Bucht liegende Inselhauptstadt (28 km). Die Stadt mit 2100 Einwohnern ist das kulturelle und das Verwaltungszentrum der Insel. Vom Hafen aus kommt man in die autofreie Altstadt mit ihren Cafés, Bars, kleinen Restaurants und Andenkenläden. Gut erhalten ist vor allem das *Frankopanenkastell* mit einem Rundturm aus dem Jahr 1191. Auf den Resten römischer Thermen wurde im 5. und 6. Jh. die Kathedrale * **St. Maria** *(Sveta Marija)* erbaut, daneben steht die romanische Kirche *St. Quirin (Sveti Kvirin),* die dem Stadtpatron geweiht ist. Kunstfreunde kommen in der Oberstadt auch in der frühromanischen Basilika *Gospa od zdravlja (Unsere Liebe Frau von der Gesundheit)* und der gotischen *Franziskanerkirche* auf ihre Kosten.

Turistička zajednica, Vela placa 1, 51500 Krk, ☎ 051/222-583, ℻ 221-414.

Marina, Obala, ☎ 221-357, ℻ 221-128. An der Stadtmauer am Hafen gelegenes kleines Stadthotel. ($)

Himmel auf Erden

Nur etwa 15 Bootsminuten von Punat entfernt liegt das zauberhafte **Inselchen Košljun** mit seinem Kloster aus dem 12. Jh. und seinem herrlichen Park, in dem sich wunderbar lustwandeln lässt. Das hier eingerichtete Museum präsentiert eine hervorragende volkskundliche Sammlung und eine reich ausgestattete Bibliothek (tgl. 9.30–11.30 und 14.30 bis 16.30 Uhr).

Dražica, 655-766, und **Koralj,** 221-044. An der Badebucht Dražica in Altstadtnähe. $

Autocamp Jezevac, 221-081. Westlich der Altstadt in waldigem Gelände, Felsstrand.

Frankopan, Trg Sv. Kvirina, 221-437. Am Platz vor der Kathedrale, Fisch- und Fleischgerichte. $$
Konoba Bacchus, Strossmayera 3, 222-002. Einfaches Lokal mit feinem Pršut und Fisch- und Fleischgerichten vom Grill. $

Vrbnik hoch über dem Meer ist bekannt für seinen ausgezeichneten Weißwein

Seite 77

Punat

Östlich von Krk kommt man zur tiefen Bucht von Punat mit der kleinen, vorromanischen Kirche *St. Donat (Sveti Dunat)* aus dem 9. Jh. Punat (33 km) am Ostrand der sturmsicheren Bucht hat den größten Jachthafen (Marina) der kroatischen Adria. Feigengärten und Olivenhaine umgeben das einst hauptsächlich von Wein- und Olivenbauern bewohnte Dorf (1600 Einw.), in dem noch einige Häuserzeilen mit den typischen, von Gewölbebögen getragenen Kleingehöften erhalten sind.

Im weiten Hafen von Krk ankern Fischkutter und Ausflugsboote

Turistička zajednica, Obala 72, 51521 Punat, 051/854-970.

Park, an der Seepromenade, 854-024, 854-101. Komplett renoviertes, freundliches Strandhotel. $

Konobe, 854-036, 854-101. FKK-Zeltplatz außerhalb von Punat.

Nach Baška

Von Punat aus weiter nach Süden gelangt man zum Dörfchen **Stara Baška** mit Pensionen, Gaststätten, einem Campingplatz und einer idyllischen Badebucht. Die Inselhauptstraße führt

An der Bucht von Punat steht das Kirchlein St. Donat aus dem 9. Jh.

von der Abzweigung nach Punat aus bergauf nach Südosten weiter zum Pass *Treskavac* (316 m), dann ins Tal von Baška mit dem Flüsschen *Ričina* zum Dorf *Bašćanska Draga.*

Seite 77

In *Jurandvor* wird in der Kirche Sveta Lucija eine Kopie der hier gefundenen „Tafel von Baška" (Bašćanska ploča) aufbewahrt. Das Original des ältesten kroatischen Sprachdenkmals (um 1100) befindet sich in Zagreb.

Baška (45 km von der Brücke, 960 Einw.) ist der südlichste Ort der Insel Krk. Die ursprüngliche Siedlung lag hoch oberhalb der Bucht bei der heutigen Friedhofskirche *Sveti Ivan.* Im Verlauf der kriegerischen Auseinandersetzungen mit Ungarn brannten die Venezianer sie im Jahr 1380 nieder; die Überlebenden wagten unten am Meer den Neuanfang. Seinem zwei Kilometer langen flachen Strand und der schönen landschaftlichen Lage verdankt Baška den Aufstieg zu einem frequentierten Badeort.

Vor der Bucht liegt die kahle und unbewohnte Insel *Prvić,* weiter im Süden, gegen die Insel Rab zu, das ebenfalls unbewohnte *Grgur,* daneben das Inselchen *Goli* (der Nackte), das nach dem Zweiten Weltkrieg als berüchtigtes Gefängnis diente. Heute ist es Ziel von Ausflugsfahrten.

Turističika zajednica, Zvonimirova 114, 51523 Baška, ☎ 856-817, FAX 856-544.

Autofähre nach Lopar auf Rab.

Corinthia, Emil Geistlicha 34, ☎ 656-111, FAX 856-584. Drei angenehme Häuser unter einem Namen, am Strand. ($)–($$)
Mul, Palada 95, ☎ 856-679. An der Anlegestelle der Fähre, reichhaltiges Angebot. ($)

⚠ **Zablaće,** ☎ 856-909, FAX 856-604. Großer Platz am Ende des Stadtstrands.
Bunculuka, ☎ 856-806, FAX 856-595. FKK-Platz östlich des Orts in einem schönen Tal, oberhalb des Strands.

Kangarol, Palada 75, ☎ 856-010. Gutes Lokal am Hafenkai; die Männer der Familie fahren täglich zum Fischen. ($)

Das Ende des Weinbaus

Wie sehr sich das Leben an der Küste und auf den Inseln der Adria in den letzten hundert Jahren verändert hat, zeigt das Beispiel von Baška auf Krk.

Die Bašćani lebten seit jeher von der Landwirtschaft, von Fischerei und Seefahrt und von der Schafzucht. Der Wein von Baška genoss auf dem Festland einen guten Ruf, die besten Reblagen befanden sich unter den steilen Felswänden hoch über dem Tal, wo man die in mühsamer generationenlanger Arbeit errichteten Terrassen noch heute sieht, allerdings verödet und verlassen. Die Reblaus, die am Ende des 19. Jhs. Europa heimsuchte, hatte auch hier gewütet; neue Anpflanzungen waren vergebens, denn die kurzen Wurzeln der reblausbeständigen Sorten gingen auf den wasserarmen Terrassen ein.

Den Niedergang des Orts durch Elend und Auswanderung zeigt die Statistik: 1857 hatte Baška 2360 Einwohner, 1950 nur noch 1550 und 1971 waren 825 Menschen übrig geblieben. Die späten 60er Jahre und die Zeit bis zum Bürgerkrieg brachten die Wende. Mit dem Tourismus hielt der Wohlstand auch in Baška Einzug, neue Wohnviertel wucherten ins Tal hinauf, in leer stehenden Weinkellern nisteten sich Gaststätten und Boutiquen ein. 1985, im besten Jahr des kroatischen Tourismus, kamen an einem einzigen Tag im August auf die inzwischen 900 Bašćani 9000 Gäste aus dem In- und Ausland.

Die Insel ** Rab

Seite 77

Ganz im Süden der Insel Krk liegt die kleine Hafenstadt Baška, ein lebhafter Badeort

Grüner Krebs im blauen Meer

Wie beim Inselduo Cres-Lošinj drängt sich auch beim Blick auf die Landkarte von Rab ein zoologischer Vergleich auf: Seine Form erinnert an einen Krebs – und zwar an einen grün bewachsenen, denn die Insel ist die vegetationsreichste im Kvarnerarchipel. Das Klima ist so mild wie kaum irgendwo weiter südlich an der Adria und der Hauptort Rab bietet eines der schönsten Städtebilder der Mittelmeerwelt.

Die Attraktion des Hafenstädtchens ist der lange, flache Strand aus feinem Kies

Kroatiens Sonneninsel Nummer eins, Rab (ital. *Arbe*), ist 94 km² groß, 22 km lang und 3 bis 10 km breit. Gegen das Festland hin steht im Osten die steinerne Mauer des bis zu 408 m hohen Gebirges Kamenjak, das die kalte Bura abwehrt. Zwischen drei Höhenzügen breiten sich fruchtbare Täler aus, und weite Flächen sind von Wäldern aus Steineichen, Strand- und Aleppokiefern bedeckt.

Inselmetropole ** Rab

Der Hauptort der Insel liegt auf einer schmalen Landzunge an der Ostseite einer tiefen, gut geschützten Bucht, in der schon die Römer einen Hafen für ihre Adriaflotte einrichteten. Durch den Handel mit der Levante wurde die Stadt ab 1409, unter venezianischer Herrschaft, reich – davon künden die schönen Palazzi und Kirchen in venezianischer Gotik. Im 15. Jh. wütete in Rab die Pest und raffte die Hälfte der damals 10 000 Einwohner dahin. Ein ganzes Stadtviertel, der Kaldanac, blieb

Zu den schönsten Städten an der Ostküste der Adria gehört Rab

danach verödet, Schifffahrt und Handel haben sich nie wieder erholt. Erst mit dem Aufkommen des Tourismus zog hier neues Leben ein.

Von der Riva zum Fürstenpalast

Seite 77

Einen ersten Eindruck bekommt man bei einem Spaziergang entlang der **Riva,** dem offiziell nach einem mittelalterlichen Kroatenkönig Obala kralja Petra Krešimira genannten Kai. Hier liegen Ausflugsschiffe und Jachten, und jenseits des Hafenbeckens sticht der Mastenwald der Marina ins Blau des Himmels. Vorbei am **St.-Christophorus-Platz** *(Trg svetog Krištofora)* mit seinem bunten Touristenmarkt erreicht man den zum Hafen offenen Hauptplatz *Trg Municipium Arba.* Bei einer Tasse Kaffee kann man die reich mit Steinmetzarbeiten geschmückten Fensterbogen des Fürstenpalasts **Knežev dvor** (13. Jh.) bewundern.

Rund um den * St.-Maria-Dom

Von hier geht's durch Gässchen und über Treppen hinauf zum ehemaligen, 1998 renovierten Dom ***St. Maria** *(Sveta Marija velika),* einem romanischen Bau aus dem 11. Jh. mit schön geschnitztem Chorgestühl (1445). Etwas entfernt ragt der 26 m hohe Campanile mit einem pyramidenförmigen Dach empor. Hinter dem Dom, gegen die Landspitze zu, liegt das **Franziskanerkloster** mit dem Kirchlein St. Anton, ein weiteres Kloster gehört den Benediktinerinnen; seine Kirche **St. Andreas** *(Sveti Andrija)* schmückt sich mit dem ältesten der vier Raber Türme (1181).

Vom Freiheitsplatz zur Johanneskirche

Vom **Trg Slobode,** dem Freiheitsplatz mit einer 1921 anlässlich des Abzugs der italienischen Besatzer gepflanzten Steineiche, spaziert man über Treppen hinunter zur *Seepromenade,* die zum Stadtstrand führt.

Am Freiheitsplatz beginnt der oberste der drei die Halbinsel durchziehenden Straßenzüge, die *Gornja ulica* (Obere Straße). Turm und Kirche von **St. Justina** *(Sveta Justina)* dienen jetzt als Museum für sakrale Kunst (◷ tgl. 9–11 und 19.30–22 Uhr). Etwas weiter folgt der Turm der **Johanniskirche** *(Sveti Ivan),* das Gotteshaus selbst ist längst verfallen.

Zur Loggia

Beim mächtigen Wehrturm ***Sveti Krištofor,** wo die Stadtmauer hinunter zum Hafen beginnt, bietet sich der

Die Legende vom nackten König

Selbstverständlich ohne Krone, aber auch ohne Badehose soll König Eduard VII. – derselbe, der später wegen seiner Heirat mit der Amerikanerin Wallis Simpson auf den britischen Thron verzichten musste – in der seither so genannten Englischen Bucht (eigentlich Frkanj) auf Rab ins kristallklare und wohlig warme Wasser gestiegen sein und damit als erster die Freikörperkultur am Ostufer der Adria zwar nicht hoffähig, aber doch populär gemacht haben. So steht es in Prospekten und in manchem Reiseführer.

Historiker haben zwar keinen Beweis für diese Legende gefunden, sie hält sich aber trotzdem. Tatsache ist jedoch, dass man schon um die Wende zum 20. Jh. an Rabs einsamen Stränden hüllenlos gebadet hat, wie der Prager Mediziner Prof. Josef Hermann 1907 in einem Reisebericht bezeugt. Aus dem Jahr 1929 stammen Fotos, auf denen diese nackten Tatsachen schwarz auf weiß festgehalten sind. Zudem tagte schon 1934, also zwei Jahre bevor Eduard hier mit seiner Jacht Halt machte und angeblich die Badehose fallen ließ, auf dieser Insel der Internationale Nudistenverband, Präsident war Herr Richard Ehrmann aus Wien.

Seite 77

klassische Blick auf die obere Altstadt mit ihren vier hintereinander gestaffelten Türmen, die an die vier Masten eines Schiffs erinnern – den Bug bildet die Landspitze der Stadt. Entlang der Mauern und am Rand des Parks **Komrčar** mit dem 1911 erbauten ältesten Hotel Rabs, dem *Imperial,* steigt man wieder die Treppen hinunter zum St.-Christophorus-Platz. Am Eingang zur *Srednja ulica,* der Mittleren Straße, steht der Renaissancepalast *Dominis,* in der Unteren Straße, der *Donja ulica,* der *Palast Nimira* mit einem spätgotischen Marmorportal. Von hier gelangt man zur **Loggia** (16. Jh.), an der Gericht gehalten wurde und wo heute Maler ihre Werke feilbieten.

Der Hauptplatz von Rab mit dem venezianischen Fürstenpalast

Turistička zajednica, Donja ulica 2, 51 280 Rab, ☎ 051/771-111, Fax 771-110.

Rijeka.

Autofähren Baška–Lopar und Jablanac–Mišjnak; Eillinie Rijeka–Rab–Zadar–Šibenik–Split–Dubrovnik–Igoumenitsa (von und ab Rab kein Autotransport).

Die eindrucksvolle Pietà über dem Portal des Doms Sveta Marija

Imperial, Park Komrčar, ☎ 724-522, Fax 724-126. Ruhiges altes Hotel, wunderschön im Park gelegen. $

International, Obala kralja Petra Krešimira, ☎ 724-266, Fax 724-206. Modernes Stadthotel zwischen Hafen und Donja ulica. $

Istra, Obala kralja Petra Krešimira, ☎ 724-134, Fax 724-050. Zwischen Stadtpark und Hafen, gute familiäre Atmosphäre, komplett renoviert. $

Autocamp Padova III, ☎ 724-355, Fax 711-539. Gut ausgestatteter Platz an der dritten Padovabucht in Banjol.

Paradiso, Stjepana Radića 2, ☎ 771-109. Prima Pizza in altem Palastatrium zwischen der Oberen und Mittleren Straße. $

Plantschvergnügen für Kinder: der Sandstrand von San Marino

Praktische Hinweise von A–Z

Ärztliche Versorgung

Die medizinische Versorgung in Kroatien entspricht dem mitteleuropäischen Standard. Krankenhaus heißt *bolnica,* in vielen kleineren Orten gibt es eine Ambulanz *(ambulanta),* dazu kommen privat ordinierende Ärzte *(liječnik, doktor).* Die meisten Ärzte sprechen Deutsch oder Englisch. Medikamente und Ähnliches erhält man in der Apotheke *(ljekarna, apoteka).*

Zwischen Deutschland und Österreich einerseits und Kroatien andrerseits bestehen Abkommen über soziale Sicherheit, nach denen Versicherte der gesetzlichen Krankenkassen unentgeltliche Behandlung erhalten (Auskunft bei den Krankenkassen). Für den Patienten fällt eine geringe Kostenbeteiligung an. Privat Versicherte und Touristen aus Ländern, die keine entsprechende Konvention mit Kroatien abgeschlossen haben, müssen die Arzt- und Krankenhauskosten selbst begleichen, deshalb empfiehlt sich der Abschluss einer befristeten Auslandskrankenversicherung.

Devisenbestimmungen

Bei der Ein- und Ausreise dürfen ausländische Zahlungsmittel (Bargeld, Schecks, Eurocheques usw.) in beliebiger Höhe mitgenommen werden. Die Ein- und Ausfuhr von kroatischer Währung ist auf 2000 Kuna (in Scheinen bis zu 500 Kuna) beschränkt.

In vielen Touristenorten gibt es ec-Geldautomaten, Bargeld erhält man auch bei Banken mit ec-Karte, Eurocard und Visa-Card. Kreditkarten werden in den meisten Hotels, größeren Restaurants, Geschäften sowie bei Automaten akzeptiert.

Diplomatische Vertretungen

Deutsche Botschaft:
10000 Zagreb, Ulica grada Vukovara 64, ☏ 01/6158-100, Fax 6158-103.

Österreichische Botschaft:
10000 Zagreb, Jabukovac 39,
☏ 01/483-4457, Fax 483-4461; Konsulat: 51000 Rijeka, Stipana Istranina Konzula 2, ☏ Fax 051/338-554.

Schweizer Botschaft:
10000 Zagreb, Bogovićeva 3,
☏ 01/481-0891, Fax 481-0890.

Kroatische Botschaft in Deutschland:
Ahornstr. 4, 10787 Berlin,
☏ 030/23 62 89 51, Fax 23 62 89 65.
Die Konsularabteilung ist unter der gleichen Adresse zu erreichen,
☏ 23 62 89 55. Konsulate in Berlin, Frankfurt/Main, Hamburg, München, Stuttgart.

Kroatische Botschaft in Österreich:
Heubergergasse 10, 1170 Wien,
☏ 01/4 80 20 83, Fax 4 80 29 42;
Konsulat in Innsbruck.

Kroatische Botschaft in der Schweiz:
Gurtenweg 39, 3074 Bern,
☏ 031/9 25 66 59, Fax 9 25 66 93;
Konsulate in Lugano und Zürich.

Einkauf

Ein beliebtes Reiseandenken ist der Filigranschmuck vor allem aus Silber, der in *Filigran* oder *Zlatar* beschilderten Läden und Verkaufsständen angeboten wird. In vielen Fremdenverkehrsorten werden auch Gemälde und Graphiken einheimischer Künstler verkauft.

Aus dem Landesinnern kommen hübsche Holzarbeiten. Für den heimatlichen Wäscheschrank empfehlen sich Duftkissen mit Lavendel oder Rosmarin. Lederwaren und Klöppelspitzen gibt es in großer Auswahl. Landestypisch sind auch die *Bukaleta* genannten Weinkännchen aus glasiertem und bemaltem Ton mit der Aufschrift

Pij Ive – trink, Hans! Mitbringsel fürs leibliche Wohl sind der köstliche Schinken Pršut, aromatischer Schafskäse aus der Ćićarija, Honig aus Salbei, Rosmarin- und Akazienblüten sowie Schnaps und Wein.

Einreise

Sowohl bei der Einreise ins Durchfahrtsland Slowenien als auch nach Kroatien benötigen Deutsche, Österreicher und Schweizer bei einem Aufenthalt von bis zu drei Monaten einen Reisepass, Kinder bis 16 Jahre einen Kinderausweis, sofern sie nicht im Pass der Eltern eingetragen sind.

Wer mit dem Personalausweis einreist, erhält einen Passierschein, der einen Monat lang gültig ist und bei der Ausreise wieder abgegeben werden muss.

Autofahrer sind verpflichtet, den (nationalen) Führerschein und die Fahrzeugzulassung vorzuweisen. Die grüne internationale Versicherungskarte ist weder für Kroatien noch für die Durchreise durch Slowenien notwendig, es empfiehlt sich jedoch, sie bei einem eventuellen Unfall dabeizuhaben.

Elektrizität

Die Netzspannung beträgt in Kroatien 220 Volt (50 Hertz Wechselstrom). Für Steckdosen ist kein Adapter nötig.

Feiertage

1. Januar (Neujahr), 6. Januar (Dreikönig), Ostermontag, 1. Mai (Tag der Arbeit), 30. Mai (Tag der Staatlichkeit), 22. Juni (Tag des antifaschistischen Kampfs), 5. August (Staatsfeiertag), 15. August (Mariä Himmelfahrt), 1. November (Allerheiligen), 25. und 26. Dezember (Weihnachten).

Geld und Währung

Währungseinheit ist in Kroatien die Kuna (HRK) zu 100 Lipa (Lp). Derzeit bekommt man für 1 DM rund 3,90 Kuna, für 100 öS rund 55 Kuna, für 1 sfr 4,90 Kuna. Am günstigsten wechselt man Geld im Land selbst. Die Einfuhr der Landeswährung ist auf 2000 Kn beschränkt. Bei Postämtern kann man Geld von deutschen und österreichischen Postsparbüchern in der Landeswährung abheben.

Haustiere

Hunde und Katzen sowie andere Haustiere können nur mit einem amtstierärztlichen Gesundheitszeugnis und einem Tollwutimpfzeugnis mit nach Kroation genommen werden, die mindestens 30 Tage und nicht mehr als sechs Monate alt sind.

Information

Kroatische Zentrale für Tourismus: 60311 Frankfurt/Main, Kaiserstr. 23, ☎ 0 69/25 20 45, FAX 25 20 54; 80469 München, Rumfordstraße 7, ☎ 0 89/22 33 44, FAX 22 33 77; 1010 Wien, Operngasse 5, ☎ 01/5 85 38 84, FAX 5 85 38 84 20. Es gibt keine offizielle Vertretung in der Schweiz. Istrien Informationen gibt es auch beim Tourismusverband der Region Istrien, Bayerstraße 24, 80335 München, ☎ 089/54 37 04 80, FAX 54 37 04 81.

In Kroatien erhält man Auskünfte vom lokalen Touristikverband *(turistička zajednica)* und den örtlichen Reisebüros *(turist biro, turistička agencija, tourist information)*. In größeren Urlaubsorten gibt der jeweilige Verband eigene Informationsbroschüren heraus.

Maßeinheiten

In Kroatien gilt das metrische System. Getränke und Speisen in kleineren Mengen werden dezi- und dekaweise verkauft: Ein Dezi *(deci)* Wein ist ein Gläschen mit 0,1 Liter, fünf Deka Wurst sind 50 Gramm.

Notruf

Polizei *(policija):* ☎ 92; Feuerwehr *(vatrogasci):* ☎ 93; Erste Hilfe *(hitna pomoč):* ☎ 94; Kroatischer Automobilklub HAK *(Hrvatski auto klub):* ☎ 981.

Öffnungszeiten

Für Läden, Kaufhäuser und Handwerksbetriebe gelten keine festen Öffnungszeiten. Lebensmittelgeschäfte, Metzgereien, Bäckereien und Kaufhäuser sind im Allgemeinen im Sommer von 7.30 bis 12.30 Uhr und von 17 bis 20 Uhr geöffnet, Supermärkte meistens von 8 bis 20 Uhr. Viele Läden in Fremdenverkehrsorten und private Geschäfte haben längere Öffnungszeiten (zusätzlich am Samstagnachmittag und Sonntagvormittag). Banken in größeren Städten haben durchgehend von 8 bis 18 Uhr Schalterstunden, in kleineren Ortschaften sind sie über Mittag geschlossen. Behörden sind für den Publikumsverkehr meist von 9 bis 12 Uhr geöffnet, mancherorts dienstags auch von 16 bis 19 Uhr.

Die meisten Museen kann man von Dienstag bis Samstag von 8 bis 18 Uhr besichtigen, sonntags von 9 bis 15 Uhr.

Post

Die Postämter *(HPT – Hrvatska pošta i telekomunikacija)* sind werktags von 7 bis 19 Uhr, samstags von 8 bis 13 Uhr geöffnet (in größeren Städten vereinzelt auch abends und sonntags).

Eine Postkarte ins Ausland muss mit einer Briefmarke *(poštanska marka)* im Wert von 3,50 Kuna frankiert werden, ein Brief ins Ausland mit 7,20 Kuna. Briefmarken erhält man im Postamt, an Zeitungskiosken (*tisak*) und Tabakkiosken (*duhan*). Briefkästen sind an der gelben Farbe erkennbar.

Radio

Der Kroatische Rundfunk sendet auf den UKW-Frequenzen 88,8, 91,3, 92,1 und 99,3 MHz mehrmals täglich Nachrichten in Englisch und Deutsch.

Telefon

Telefongespräche innerhalb Kroatiens und ins Ausland kann man von Postämtern und öffentlichen Fernsprechzellen aus führen. Telefonkarten *(telefonska kartica)* werden in Postämtern und an Kiosken verkauft. Telefonieren vom Hotel aus ist relativ teuer. Man kann in Kroatien auch mit Mobiltelefonen (D1 und D2) Ferngespräche führen.

Die Vorwahlnummer für Deutschland ist 00 49, für Österreich 00 43, für die Schweiz 00 41. Kroatien erreicht man vom Ausland aus unter 0 03 85. Die Telefonauskunft hat die Nummern 9 88 (Ortsnetz) und 9 89 (Kroatien).

Trinkgeld

In Hotels und Restaurants ist das Bedienungsgeld im Rechnungsbetrag enthalten. Üblich ist ein Trinkgeld von zehn Prozent für Kellner, Taxifahrer, Gepäckträger und Tankwarte.

Zeit

Es gilt die mitteleuropäische Zeit (MEZ), im Sommerhalbjahr wie bei uns die Sommerzeit (MEZ + 1 Stunde).

Zeitungen

Die wichtigsten ausländischen Zeitungen und Zeitschriften kann man in größeren Orten an Kiosken (Aufschrift *tisak*) und in speziellen Zeitungsläden sowie an Hotelrezeptionen kaufen.

Zollbestimmungen

Für ausländische Feriengäste ist das Zollverfahren bei Ein- und Ausreise auf das Notwendigste beschränkt. Bei der Einfuhr von Zigaretten und alkoholischen Getränken gelten folgende Grenzmengen: 200 Zigaretten oder 50 Zigarren, 1 Liter Wein, 0,75 Liter Spirituosen. Geschenke ab einem Wert von 100 DM müssen verzollt werden. Antiquitäten, Kunstgegenstände u. Ä. dürfen nur mit Genehmigung der Behörden ausgeführt werden.

Zollfrei einkaufen

An Grenzübergängen, in Flug- und Jachthäfen und in vielen Urlaubsorten gibt es Dutyfreeshops, in denen man mit Devisen bezahlt.

Register

Orts- und Sachregister

Personenregister

Bildnachweis

Alle Fotos Ralf Freyer außer Martin Amode: 59/2; Archiv für Kunst und Geschichte, Berlin: 19/1; Hans Ebentheuer: 31/3; Josip Madracevic: 6, 17, 25/1, 45/1, 71/1, 75/1, 85/1+3, 87/1, 89/2, 91/3; Darja Peitz-Hlebec: 53/3, 57/2–3, 63/1; Helga Wewerka: 11/1, 87/2; Sabine Zimmermann: 73/1; Tony Stone/Chris Haigh: Umschlag (Bild); Superbild/Bernd Ducke: Umschlag (Flagge).